DESDE EL SILENCIO DE MI ALMA

Purificación Gil Alegre

DESDE EL SILENCIO DE MI ALMA

Primera edición: octubre 2025

Editamás, editorial y contenidos digitales

Transcripción y edición: Luminita Virginia Bot Bot

DEPÓSITO LEGAL:
BA-000534-2025

ISBN:
979-13-990544-3-9

MAQUETACIÓN, IMPRESIÓN Y PEDIDOS:
www.editamas.com
924 18 07 91

Impreso con tintas ecológicas

Gracias papá, mamá.

Gracias por hacerme tan sensible, tan emocional, profunda y con tantas ganas de querer. Gracias por ser como sois, porque para mí aún estáis todavía aquí conmigo, cerca. Gracias por hacerme cada día sonreír cuando veo cómo me adapto. Como soy de fuerte y la capacidad que tengo para adaptarme, cuando veo como soy de sensible. Como me habéis hecho tan fuerte, sin vosotros saberlo. Gracias por darme las fuerzas de escribir este libro y para poderoslo dedicar. Sé que mi vida va a servir a varias personas, aunque sean pocas, serán lo suficiente para mi. Gracias por ser tan buenos y generosos con vuestras hijas. Gracias por sonreirme, abrazarme, por ser tan empáticos y buenos con la gente. Os mando un abrazo muy grande hacia al cielo, porque os lo merecéis. Estáis conmigo y me estáis dando fuerza para todo. Todos los días 14 de cada mes estaremos juntos y yo ofreceré esa misa grandiosa que tanto me gusta, para ganar indulgencia, aunque seáis muy buenos de alma, gracias por darme la vida.

Quisiera resaltar la sensación que me alteró, al pensar hasta qué punto una persona podría transcribir mis sentimientos. No estaba segura de la capacidad de alguien de recoger mis lágrimas y materializarlas en papel. Pero había que hacerlo y me llegó el nombre de Virginia. Luminita Virginia. Cuando la tuve delante, tuvimos muy buena conexión. Es una mujer fuerte y dulce. Nuestros ojos se comunicaron enseguida y se entendieron. Supe que me entendería. Desde el primer momento, me salió al encuentro con su pluma. Su pluma y mis ojos parecen haber coincidido en otra vida. No se ha tratado tanto del conocernos, sino la unión que surgió entre nosotras. Se trata de dejar constancia de la delicadeza y el tacto que requería nuestro trabajo.

CAPÍTULO I

GESTACIÓN

El proceso de creación de la vida, en su infinita abundancia ha generado la base de mi vida que comienza, obviamente, por una gestación, dejando que la naturaleza humana siguiera su trayecto de la forma más normal posible, como si no pasara nada extraordinario, ajena a toda circunstancia que rodeaba el embarazo que dio vida a una dulce niña de ojos puros cuyo nombre sería Sandra. Un once de septiembre del año cincuenta y uno.

Yo fui un embarazo no deseado y dentro del vientre de mi madre he sido capaz de identificar el catálogo de emociones negativas que me alimentó siendo feto. Aquello me afectó emocionalmente a lo largo de la vida.

Estas memorias comienzan a contarse desde cero, partiendo de un origen, de unas raíces. Se abre el telón, tras cuyo cortinaje aterciopelado el escenario es un vientre y yo la protagonista de la historia desde el momento en el que empiezo a formarme en el interior de mi madre. Me sitúo en un primer plano y desde la perspectiva, me observo fascinada a mí misma dormida encogida de lado, succionando el dedo pulgar de una mano como acto reflejo e inocente. Con los ojos todavía cerrados, mientras mi pequeño cuerpo flota en el espeso líquido amniótico. El vientre de mi madre es un lugar apacible donde reina la tranquilidad. Únicamente me acompaña el eco producido por el latido de un diminuto corazón cada vez que bombea sangre. De mi ombligo sale una especie de cordón venoso que más tarde sabría que me mantiene conectada a la placenta materna. Cordón que me proporciona alimento, nutrientes, oxígeno y no sólo.

Descansando plácidamente, de la nada a mi alrededor el líquido amniótico fue agitado por un enfado muy grande que ha roto con el silencio. El cordón dio paso a una corriente imposible de describir. Una quemazón parte desde mi ombligo y se extiende hasta las extremidades. Me hizo unir los dedos de las manos en forma de puño como si sostuviera algo valioso e impidiera que alguien se adentrara y me lo arrebatara o tuviera que guardarme las pocas fuerzas para luego recomponerme del susto. Los ojos que aún permanecían cerrados pestañean violentamente. Era el llanto de mi madre. Pasé mucha angustia e incertidumbre. Mi diminuto cuerpo me hizo girar sobre mí misma como si buscara abrazarme y salvaguardarme del terremoto que sacudía los cimientos que me abrazaban proporcionándome seguridad y acogida.

Con total certeza mi madre desconocía que compartía con su bebé todas las alteraciones emocionales que sufrió desde el momento de la noticia del embarazo. Se llevó incrédula una mano al vientre, y otra a la cabeza, cuando un profundo rechazo y pánico se adueñó de ella nublando su razonamiento. Embarazo con olor a miedo de enfrentarse a otro parto. Inseguridad y preocupación que surgen al asociar el parto a una sentencia demasiado dolorosa y traumática. Por su cabeza pasaban cientos de pensamientos y ninguno bueno, hasta el punto de llegar a mal pensar y si las circunstancias así lo requerían, estaba dispuesta a mal obrar. El caso era sabotear el embarazo, que no el feto en sí. Viví con mucha intensidad la frustración y la desmotivación de una madre miedosa e insegura. Esta negativa ante el embarazo hizo que me estremeciera dentro. Me asusté de las poderosas señales que me llegaban.

A medida que escribo mi historia, me voy liberando. El peso de las palabras que llevan años encerradas en un baúl bajo llave cogiendo polvo, se han convertido en un bulto demasiado grande cuyas dimensiones y contenido rebosan la estructura del baúl que ya no tiene capacidad de cobijar y mantener a salvo el grito de mi silencio.

En el vientre la conexión materna fue inexistente. Mi madre no estaba preparada para afrontar el parto, lo que afectó significativamente la relación con su bebé. No hubo unión que despertara el instinto maternal de acogida respecto al feto. Por lo tanto, ese bebé no salió emocionalmente fuerte, sino sensible y vulnerable debido a los sentimientos bruscos de rechazo.

Mi hermana mayor tenía apenas siete meses cuando mi madre, inesperadamente, volvió a quedar embarazada. Mi madre en el momento de enterarse de la abrumadora noticia, inconscientemente trajo a la mente el síndrome del estrés posparto. Recordó con todo detalle el sufrimiento y angustia del parto anterior. Así que fue tarea difícil tomar conciencia del segundo embarazo. La alegría y el entusiasmo no tenían lugar. Todo el espacio que debería estar reservado al desarrollo del vínculo entre madre y feto, estaba ocupado por emociones negativas del pasado. No había donde almacenar los beneficios del embarazo. La mente es un mecanismo muy complejo, para bien o para mal, y no distingue lo real de lo imaginario.

Sus pensamientos le habían tendido la peor de las trampas y el miedo la empujó a lanzarse. No es que temiera al embarazo en sí o no quisiera al feto. Quiero quedar claro que este punto es sin más un suceso que ha condicionado un comportamiento (poco moral) de mi madre debido a sus circunstancias. Es un momento más que forma parte de la vida. No hay que juzgarlo. Simplemente ser capaz de entender con sensatez y reunir las suficientes fuerzas para perdonar y seguir adelante. Superé, a lo largo de años de lucha, este episodio nostálgico pero las consecuencias me marcarían para toda la vida.

El desarrollo del embarazo transcurrió sin novedades aparentes y el pensamiento severo de mi madre no ha hecho por calmarse y dejarla tranquila. Para sorpresa de todos, cuando llegó la hora de dar a luz, desde la intimidad del hogar, mi madre quedó totalmente sorprendida. Se estaba dirigiendo hacia un sofá del salón, que le sirviera de apoyo y sobre el que poder descargar su dolor, que, sin embargo, no llegó a alcanzar. Ni el sofá ni el dolor.

Milagrosamente y en ausencia de sufrimiento ocurrió el milagro de la vida. La ilusión y la rapidez sustituyen al dolor que quedó disipado. La tranquilidad sustituye al llanto y las respiraciones profundas son de alivio y liberación. Mi cabeza peluda asomó entre las piernas de mi madre cuyo rostro infundía incredulidad, asombro y felicidad. Sintió un consuelo tan reconfortante que, sin oponerse, permitió la expulsión del feto. Se le hizo demasiado bondadoso el parto para ser verdad. Inmediatamente se llevó las manos a mi cabeza y pocos segundos después estaría fuera llorando y ese cordón, única conexión entre nosotras, quedaría cortado. Pero no cortado como tal. Mi madre hubiera querido que siguiera y volver a vivirlo, esta vez sin distorsionar la realidad. La alegría del momento al tenerme en los brazos, el primer y vital contacto íntimo piel con piel marcó una simbiosis entre madre e hija que se criaría bajo cuidados constantes y una relación basada en una fuerte dependencia emocional.

Mi madre se encontraba descansando tendida en la cama. Observaba tiernamente a su pequeña bebé recién nacida a la que rodeaba con sus brazos. Ambas sanas y salvas.

El tiempo se ha paralizado para inmortalizar los primeros momentos de mi vida bajo la cálida mirada de aceptación de mi madre. Madre que quería grabar esta escena a fuego en algún rinconcito de su memoria y poder acceder a ella cada vez que quisiera, pero es demasiado ambicioso pedir eso que todos anhelamos y nos es inalcanzable. Todo a su alrededor carecía de importancia; esa raíz se había duplicado para crecer, nutrirse de sobreprotección y ¿florecer? Lo peor ha pasado, pero eso precisamente no hizo que estuviera más tranquila ni mucho menos. La conciencia pesa y pide justicia. Por dentro el arrepentimiento la devoraba ganando cada vez más terreno. Obró mal al preconcebir antes de tiempo un contexto fatalista. Condenó su embarazo y me dañó seriamente.

Mi madre quería desesperada e inmediatamente borrar de su vida y no sabía cómo los nueve meses de embarazo porque el resultado no se ajustaba a las sombras oscuras que había arrojado sobre su parto. De haber sabido como acabaría, no hubiera actuado rechazando el embarazo intoxicándolo de miedos, rechazo y hasta repugnancia, pero al parto.

No se puede borrar lo que se dio, ni retroceder en el tiempo, ni regocijarnos en pensar lo que fue en relación a que nos gustaría que hubiera sido. Lo que tenemos es lo que hay y la plena aceptación, sin resistirnos, es el camino más correcto y más corto. Nadie dijo que fuera el más fácil.

Este hecho nos ha atado a madre e hija más de lo que nos creemos, siendo ambas exageradamente dependientes una de otra: definición de simbiosis. Nos unía un lazo demasiado estrecho que asfixia al más débil del binomio, cuando en realidad esta relación se basa en la obtención de beneficios en común, donde ambas partes juegan con, al menos, las mismas ventajas.

Después de mi experiencia quiero compartir que el embarazo no es sólo la espera de un niño. Tanto madre como padre tienen que volcar cuidados y cariño en esa criatura. Nutrir al niño de una calurosa acogida y bienvenida al vientre. Velar por su bienestar, alimentarlo con ilusión y afecto, emociones positivas y alegría. Que el niño no nazca ya cargando con una mochila a sus espaldas.

Con la información de la que disponemos sobre el mundo del embarazo es importante tener en cuenta y valorar el hecho de que, (en caso de un embarazo no deseado), huir de la realidad y de los problemas es muy común sin embargo no es para nada rentable. Huir para estar a salvo de pagar las consecuencias es la reacción más deseable, pero produce confusión y desorienta. La solución no está en otro lugar; está dentro de cada uno. No afrontar un problema vital, no hará que este desaparezca. Huir baja la autoestima, daña al amor propio y aumenta la sensación de indefensión.

Durante el embarazo suceden numerosos cambios psicológicos que causan, indiscutiblemente, un gran impacto hormonal y físico. Pocas veces se habla de ello o se exterioriza como es debido. Es trascendental compartir los cambios y contar con el asesoramiento y apoyo de profesionales. Es importante para una mujer que decide ser madre reconocer su estado de ánimo, sus miedos y sus carencias después aplicar un filtro para minimizar el impacto directo que más tarde ejercería en el embrión. Los miedos se heredan y sé perfectamente de lo que hablo.

Quiero transmitir también la importancia de tomar las precauciones necesarias a la hora de mantener relaciones sexuales para evitar un embarazo no deseado. De no hacerlo, puede convertirse en fuente de desesperación por no saber qué hacer. Deriva en depresión, estrés, inseguridad y ansiedad.

Y eso no es así. Déjame decirte que un embarazo es maravilloso.

En ese caso, una embarazada tiene que responsabilizarse de su autoconocimiento. Hacer una retrospección y reconocer su estado actual, asumir la carga e intentar por todos los medios no manchar el disco duro del bebé. El disco duro de un recién nacido está limpio. Si la madre emocionalmente es inestable o muy miedosa durante la gestación incorpora problemas a largo plazo manchando el disco: inseguridades, nervios y miedos que se harían presentes en la etapa de adolescencia temprana de un niño o se llegan a experimentar mucho antes.

Tal y como podemos comprobar, estas memorias recogen conocimiento y vivencias en primera persona. Gracias a ello y a las palabras que dejo por testimonio, estamos ante una lección valiosa que nos muestra el resultado de la acción y su reacción. Toda causa tiene una consecuencia, nos guste más, nos guste menos. Y quizá la parte que menos gusta es la de tomar riesgos y cargar con la responsabilidad de los actos hechos a conciencia o sin ciencia.

Este es el tema que ocupa la introducción o el primer capítulo del libro mi vida. Más adelante, de esta fundamental columna parten y se diversifican varias ramas que a su vez tienen su peso, su historia y su explicación.

A modo de resumen, ésta es la historia más importante y decisiva de mi vida. Historia sellada con un dolor de estómago que me haría doblar cual títere roto manejado por las cuerdas de una tristeza melancólica. Tristeza que, perdido el control y dueña de mi forma de ver el mundo, ya no puede contenerse ni mantenerme a salvo de las intenciones maliciosas ocultas por un destino más que cruel, vacilante.

No era la tristeza un escudo ni mi salvación. Era mi mejor amiga crónica.

CAPÍTULO II

HASTA LOS DOCE AÑOS

Era una niña juguetona y con una sonrisa dibujada en mi rostro iluminado por la chispa de la alegría. Aunque los años que ocuparon mi infancia he cargado con sentimientos desconsolados y tristes hasta el punto de incorporarlos como una faceta más de mi vida. Salí con todo el bagaje empaquetado y mi madre se aseguró de hacerme encajar en el molde que mantuvo en el horno nueves meses. A medida que pasaban los años fui tejiendo una potente telaraña de sentimientos basados en una pesarosa carga emocional y sentir inquieto. Sufrí apego materno, miedos y temores sin precedentes. Podía perder el control sobre ello en un chasquido.

Sentimientos que me cogen desprevenida. Aparecieron a pesar de poder contar mis años con los dedos de una mano. La angustia, hija de la inocencia, era bastante frecuente. Jugaba con mi ánimo; era desagradable. Me agitaba el pensamiento, me perturbaba. No me dejaba ver las cosas con cordura y me sentía atrapada en un conflicto interno. Estaba insegura, pero convencida de las fuertes ganas de permanecer junto a mi madre, no moverme de su lado, no perderla de vista. Otro tipo de cordón umbilical fantasma nos unía donde quiera que estuviéramos.

De pequeña recibí abundantes muestras de cariño y afecto. Pero no me consideré feliz largos años de mi vida. Sentía un agujero negro que dejaba un enorme vacío en mis entrañas. Era imposible llenar ese hueco en mi estómago o al menos pararlo. Con una edad tan frágil no sabía cómo hacer para contener el rugido de una soledad que latía a la misma velocidad que el corazón, bombeando rabia líquida en venas. Desde mi dolor y desconsuelo, ocultaba emociones y fingía estar bien siempre, pero sin sentido alguno porque no me benefició en absoluto. Lo peor que pude hacer es sufrir de forma aislada, desde el silencio, escondiendo mi situación real de desamparo y tristeza que me hacía tragar las palabras. Mis intentos de aparentar lo que no era me hizo morder la lengua sin razón cuando la garganta se encoge por miedo.

¿Qué pasaba a mi alrededor?

Estaba incrédula. Mi familia seguía haciendo vida como si nada estuviera fuera de lugar, sin atenderme, sin extrañarse, sin pararse. Mi mundo interior no tenía suficiente fuerza para salir a la luz, dar señales, llamar la atención y explicar el porqué era esclava del torbellino que a su paso por mi esófago trenzaba nudos desde el estómago hasta la campanilla, jugando con las palabras. Intentaba comunicarme desde el silencio de mi alma, de ahí el título del libro, porque así es como lo he sentido. Oprimida. Y lo he identificado con solo tres añitos.

Era una niña que, por momentos, conectaba con algo pesaroso, triste, con la angustia que era mi lastre más pesado y oxidado. Viví muchos momentos silenciosos tristes. Pero tenía una manera muy peculiar de expresarme. Era muy inteligente y sensible. En cuanto me sintiera angustiada, mi reacción se podía malinterpretar. Quería llorar, mis ojos se agrandaban, brillaban sin verter ni una lágrima. Lejos de parecer tristes, transmitían alegría. A simple vista no había problemas o huellas que marcaran un rostro o personalidad apagada y triste porque lo llevaba por dentro. Tejer los recuerdos es volver atrás. Me veo ahora mismo delante de la niña que era y me reflejo en sus ojos. Sonrío para mis adentros cuando detecto el dolor que daba brillo a mis ojos. Era la más linda promesa de ser un alma pura y limpia con un futuro brillante por delante. Pero no me dieron importancia y esa esperanza se desvaneció.

Por estas y más cosas de las que fui testigo y viví, me da rabia que los niños no se expresen con sus padres. Decir lo que les pasa:

"mamá, papá, os necesito porque lo estoy pasando mal"

¡Que lo digan con gritos para ser escuchados! Llevan un mundo dentro que nadie conoce hasta que revientan. Lo peor es cuando tienen que callar y no contestar para evitar llevarse una torta. A mi no me ha pegado nunca nadie. Y tampoco he reventado.

Quiero transmitir unas palabras y un mensaje que consiste en concienciar a los padres sobre la importancia de sacar tiempo para conversar con sus hijos, preguntarles por lo que les molesta o si hay algo que les incomoda. Sanar lo despuntado para evitar que el nudo alcance un poder y tamaño desproporcionado. Los niños viven mucho más conectados a sus emociones que las personas mayores por lo que hay que dedicarles más atención y tiempo de calidad.

Cultivar en los niños bondad y paciencia. Que vean más allá de la figura de los padres, la figura de una persona comprensiva que sea un ejemplo a seguir. Que deje de inmediato lo que estuviera haciendo en ese momento para dedicarle toda la atención y educación que se merece.

Hay que hablar antes de que sea demasiado tarde. Animarlos a hablar hasta eliminar cualquier duda que les impide avanzar. Acompañarlos a la hora de reconocer sus emociones. Respetar, por encima de todo, su espacio personal y el ritmo que ellos mismos imponen, sin someterlos a presión o valoraciones enrevesadas y demasiado complejas que pasan por las cabezas de los adultos. Que los padres no los ahoguen o les hagan cargar con sus defectos o frustraciones del pasado o del presente. Hay que apoyarles en momentos difíciles y actuar como disolvente de sus problemas cuando están en la edad de aprender.

Mi historia es un conjunto de recuerdos y recopilación de escenarios que se van descubriendo a medida que pasamos de página. Página frágil cual hoja caída mecida por el viento que una tras otra, acaban ordenadas y cosidas en forma de libro.

En estas páginas revivo el comienzo de mi etapa como estudiante, siendo ésta una parte de todo el engranaje y la que más peso tiene después de la gestación. Siempre fui una niña muy inteligente y habilidosa pero este camino que desemboca en praderas llenas de conocimiento y saber, por enriquecedor y tentador que pueda parecer termina donde comienza el inminente fracaso escolar.

Estudié en un colegio de monjas internas, conocidas como las Trinitarias. Sólo tres o cuatro de las monjas residentes tenían permiso del obispo para impartir clases y relacionarse con el exterior. Las demás no salían. De ser así, estaban obligadas a taparse la cara con un velo negro. Me intrigaban las circunstancias de las monjas aisladas. Me preguntaba y me inquietaba por ¿cómo sería el edificio por dentro, qué aspecto tendrían realmente sus rostros, ¿cómo pensaban, por qué razón vivían así, cómo eran?

De chica he sido de preocuparme y complicarme la cabeza haciéndome todo tipo de preguntas.

Cuando empezamos la aventura, mi hermana tenía cuatro años y yo tres. Para mi sorpresa me encontré con que no había un grupo de niños de mi edad, no había párvulos. Era la más pequeña. Me sentía sola y un poco aburrida. No tenía con quien jugar ni distraerme. Sentía tristeza al verme sola en el recinto tan grande del colegio. Parecía que de un momento a otro se derrumbaría sobre mí. Me entretenía paseándome de arriba para abajo admirando la grandeza del colegio sin sentir la ausencia de mi madre. Cumpliendo más años empecé a sentir una profunda pena que no sabía de dónde salía, pero brotaba desde el interior del estómago con mala saña y ardores. No todo el tiempo de seguido me sentía tristona, sólo cuando se me venía a la mente, de repente, la imagen de mi madre. ¿Entonces qué hacía? De alguna manera, cual fuera, tenía que abandonar a la fuerza el colegio y estar con mi madre. Corriendo a la vez que gritaba escandalosamente a lo largo del pasillo alarmando a todo el mundo, me dirigía hacia la puerta y me enganchaba al cerrojo agitando las puertas respirando ansiosamente pidiendo a gritos:

"¡Abrid la puerta!"

Quería ir a mi casa donde romper a llorar y ver a mi madre. Las puertas estaban atrancadas por un cerrojo grande que no paraba de sacudir enérgicamente para abrirlas lo antes posible.

No me he inventado nunca un dolor con tal de salir del colegio, porque sentía de verdad como se apoderaba de mí, siendo mi única salida. Me dejé llevar por unos sentimientos e impulsos muy fuertes; incontrolables. Por eso hablo con pasión de los sentimientos. Para mí la palabra sentir es importante.

Me daba vergüenza inventarme algo que no fuera acorde a mi realidad. La vergüenza que pasaba, hubiera sido superior a inventarme un dolor. Por la forma en que embestía la puerta todas las niñas me observaban desde el marco de las puertas atónitas. Cruzaban miradas entre ellas y me daba apuro. Lo pasaba muy mal cuando hacía esos movimientos y quería huir. Se me disparó el sistema de alerta y la ansiedad me empujó a actuar por impulso.

Gritaba, chillaba tocándome la mejilla derecha.

– "*¡Ai, ai, ai, ai, ¡cómo me duele la muela!* (Alguna tendría picada porque comía muchos dulces a escondidas para que nadie me viera) *Hermana Concepción, llama a mi madre, que no puedo más, me duele muchísimo.*"

Una niña tan pequeña como yo, lo único que deseaba en ese momento era correr su casa, bajo cualquier circunstancia y encontrarme con mi madre. Les decía a las monjas que me dolía la muela y el estómago se había vuelto a vengar pidiendo justicia a su manera. No sentir la presencia de mi madre me producía dolor y sentimientos de pena difíciles de controlar. Fue duro y melancólico luchar contra la dependencia afectiva, caprichosa y manipuladora sentimental por naturaleza.

Mi mente me complicaba la existencia. La mente juega con todo, hasta el punto de pensar que a mi madre le podía pasar algo en cualquier momento o se moría y no volvería a verla.

Mi madre también pensaba que estando lejos de mí podía pasarme alguna desgracia, lo que explica mi impulsividad urgente de salir del colegio y encontrarla en casa. Viva. A salvo.

Luego está la parte donde lejos de asustarse o preocuparse por mi repentina presencia, me recibía en casa sin más y las alumnas mayores que me habían acompañado hasta casa, emprendían a paso ligero el camino de vuelta al colegio. Mi madre estaba tranquila de que estuviera en casa. Sabía de sobra a lo que era debido, pero en ese sentido no hizo por profundizar a lo largo de su vida como había hecho yo. Digo profundizar y pensar las cosas porque esta conducta ya la conocía: vivió lo mismo que yo. Con el mismo impulso de salir detrás de su padre cuando la dejaba en el colegio. Las cosas, para que no vuelvan a suceder y se conviertan en una repetición de conducta generacional, se tienen que corregir, sino se vuelven a repetir. Por la parte que me toca estaba más que segura que a mis hijos esto no les iba a salpicar y me encargué de que así fuera. Actué correctamente y a tiempo, siendo eficaz y eficiente ante los problemas cuya solución estaba en mis manos. Tenía claro que a falta de resultado satisfactorio para todos o que no estuviera al alcance de mi entendimiento, era mejor consultar a un profesional.

Todas las veces que volví del colegio antes de tiempo, que fueron muchas, a pesar de recibirme con tranquilidad aparente, me daba la sensación de que mi madre lloraba. Lloraba por dentro, a escondidas y no quería que la viera. Se volteaba dándome la espalda o se colocaba de lado, de perfil cuando se encontraba mis pequeños ojos rebosar lágrimas buscando, como una carroñera, amor. Su apariencia se volvía seria y adquiría una rigidez repentina inexplicable. ¿A qué sería debido? Solo pretendía encontrar migas de cariño y afecto a través del contacto físico y mi madre quería borrar todo el daño que me hizo en el embarazo. Sabía que de cierta forma ese comportamiento que mostraba cada vez que estábamos separadas fue fruto de las circunstancias de su embarazo no deseado.

Con la inocencia de los siete años, me paré a mirar a mi alrededor, dentro de mí y reflexionar. Caí presa del pánico y preocupación al darme cuenta de la cruda realidad dura de digerir que tenía delante. Empecé a ventilar como si alguien tratase de robarme el aire. Me veía sin futuro y sin amistades. Mi cabeza me empujaba a machacarme, culparme de algo que no había hecho y reaccionar ante el hecho de no estar haciendo ni viviendo mi vida. La simbiosis, la falta de amistades, el fracaso escolar me entristecía profundamente y me apagaba como una pequeña vela consumida por una llama muy débil pero traicionera. Lo peor del fracaso escolar ya no es tanto el hecho de perder amistades, sino que pasamos a un plano en el que directamente no las tenemos porque el propio contexto está fuera de sí y las relaciones de amistad no llegaron a darse ni encajar en mis deseos de niña. Mi estómago parecía flotar como si quisiera desprenderse de mí cuando pensaba en ello.

Cuando corría del colegio hacia mi casa y me paraba en seco delante de la puerta, ¿en mi cabeza sabéis lo que había? La imagen de un grupo de niñas sentadas, cada una de ellas, delante de su correspondiente pupitre, aprendiendo sus lecciones y haciendo sus deberes. Agachaba la cabeza mirándome los pies y hasta donde me habían llevado. Había perdido la esperanza y la vergüenza me iba subiendo por la espalda en forma de una gota de escalofrío líquido.

Los deberes son harina de otro trigal. Nunca llevaba los deberes hechos. No estaba al día de mis funciones como estudiante cuyas principales y únicas preocupaciones deberían ser centrarse en sus estudios. Mi madre no estaba presente la mayoría de las veces cuando tenía que hacer las tareas. Si ella supiera la importancia de ese momento no se hubiera movido de mi lado, sino que estaría ayudándome como todas las madres que tienen la obligación de enseñar a sus hijos. Por eso me sentía tentada de salir frenéticamente a buscarla donde quiera que estuviera. Luego me sentía ridícula. Donde estaba mi madre estaba yo. Nadie sabe bien lo que ha sido mi vida. Una lucha constante en una espiral de conflicto que me había arrancado el estómago de cuajo. Mi madre podría haberme animado mucho más y reconocer que quizás ayudarme no entraba dentro de sus posibilidades, pero podría haber puesto a alguien a ensañarme a hacer las tareas, así hubiera llegado donde me hubiera dado la gana. Ahora lo tengo claro.

Me desconcertaba y me entristecía la despreocupación de mis padres hacía mis estudios. Con lo pequeña que era sabía lo que tenían que hacer. Sabía lo que tenían que decirme, o pensar al respecto, pero no lo hacían, ni me lo daban.

Permanecí como estudiante en el convento hasta los doce años. Tomé como referencia más bien tóxica este patrón repetitivo de salir huyendo sin mirar atrás cada vez que estaba separada de mi madre. En esos tiempos y siguiendo el orden de la enseñanza y la educación, para pasar de nivel al terminar el colegio y matricularse en el instituto o cursar bachillerato había que someterse a una prueba y superarla, evidentemente. Yo no he querido pasar ninguna prueba ni avanzar.

Después de todo se decidió que tenía que enfrentarme al examen de ingreso para pasar de curso, entrar en el Colegio Santo Ángel y prosperar. Ante las evidencias, delante de la hoja del examen pasa, que mi mente se queda totalmente en blanco. Desaparece por arte de magia la motivación por coger el bolígrafo y empezar a contestar las preguntas del examen. Como si un mago hubiera jugado con mis ánimos y los hubiera perdido en un sombrero oscuro. Ni el nombre fui capaz de escribirlo. ¿Resultado? No apta. No porque no tuviera conocimientos sino por negarme a contestar voluntariamente las preguntas. Hasta tres veces he repetido la misma prueba con el mismo resultado.

¿Qué estaría pensando en los momentos que tenía el papel pegado en el pupitre?

La palabra madre, pero no en mayúscula. En minúscula, como un susurro efímero que acaricia el tímpano. Susurro suave que penetra hasta en la más fuerte coraza, volviéndola indefensa *"madre, madre"*. Esa palabra me daba vueltas en la cabeza una y otra vez. Aprobar conlleva pasar a la siguiente fase. Ir al instituto donde ya no se me permitía llamar a mamá para que fuera a recogerme, donde los profesores o alumnas no me acercarían a casa, donde me plantarían un cero por no hacer los deberes, donde había que hacer las tareas. No podía comprometerme a estar en ningún sitio siete horas seguidas porque mi cabeza vivía separada de mi cuerpo y flotaba en la órbita de mi madre como un satélite perdido. Examinarme y avanzar se traduce en desvincularme de ella. No era capaz ni de retener lo que me estaban explicando.

No era precisamente el plan pensado por los mayores el que quería seguir. Me guiaba más por el sentir y no me quería alejar de mi madre. Además, estaba en mi mejor momento: acompañada por las monjas, con las que tenía muy buena relación y una programación escolar a mi medida.

Aunque no pasé la prueba de ingreso en el instituto, mis padres querían lo mejor para mí y que siguiera adquiriendo cultura general. ¿Qué sucede después? Me sugieren estudiar a parte. Accedo de esta manera al Colegio Santo Ángel y lo hago por todo lo alto con unas condiciones "especiales": estaba sola con dos monjas (la seglar y la directora) con las que pasaría dos horas al día, aislada de las alumnas, del aula, del pupitre, de las lecciones de clase. Esas horas corrían a cuenta de mi madre, pero eso no supuso un beneficio extraordinario para mí. No ejercía de alumna como tal, aunque sí podía pasearme por el jardín y los pasillos como una más, pero sin cruzarme con alumnas porque tenía clases en turno de tarde. No participaba en clases ni tenía compañeras con las que relacionarme o jugar, estaba sola con las monjas. El tiempo jamás se detuvo a acompañarnos. Sólo nos observaba de reojo cuando estaba de paso a través de las grietas guardándose recuerdos en un rincón de su memoria.

Así llevé la cuenta de los días durante los próximos años de mi vida. Me daba cierta tranquilidad estar sola con las monjas. Fui conociendo algunas niñas y me gustaban las compañeras. Había hecho amigas a pesar de todo y ya no me veía tan sola. Siempre he sido una niña muy sociable; me gustaba tener amigas, hablar, moverme, salir y divertirme. Me consideraba una niña abierta, habladora, aunque aquello a veces conllevaba a que me dieran un toque de atención. Mi madre me cogía de la manita y me hacía gestos por lo bajo arrugando los labios, la nariz o a través de señales visuales que sólo yo sabía descifrar: –*"Sandrita, por favor, estate callada"* – Y no lo hacía porque hablara más de la cuenta, es que lo mismo estaba diciendo verdades que no interesaba que salieran a luz.

Eso no fue bastante para mí. Tendría que haber hecho más cosas y sobre todo participar en clase. La parte buena es que las monjas me tenían aprecio. La superiora me permitía ir a las excursiones que la clase (de la que no formaba parte) planificaba. Sabía que para mí era muy importante integrarme. Incluso me quedaba a dormir en el internado antes de comenzar las excursiones que empezaban de madrugada evitando que mi madre me tuviera que acercar aun siendo de noche. Ahí ya no me dolía nada, me gustaba, estaba contentísima y radiante por compartir experiencias con más personas, hablar con otras niñas durante el viaje, reírme.

Recuerdo que el apego hacia mi madre y viceversa se volvió excesivo. Mi madre pretendía borrar los nueve meses o de alguna manera compensar el rechazo causado al feto. En resarcimiento del disgusto, quería equilibrar la balanza con muestras continuas de sobreprotección, sin embargo, el daño ya estaba hecho. Me sobreprotegió tanto que me limitó: no podía correr por si me caía, no podía jugar por si me lastimaba. Si en algún momento me he caído no temía la caída en sí sino la reacción de mi madre. Hasta dio aviso en el colegio de que no jugase con la pelota porque si me pasaba algo culparía inmediatamente a las monjas, encargadas de velar por mí.

No es que atravesara una triste niñez, sino que, con una edad muy frágil debido a los excesivos cuidados de una madre empalagosa, estaba experimentando un conflicto interior que no aflojaba el pulso. Si no hago caso a mi madre me siento culpable y a la vez quiero jugar sin miedo. ¿Qué sería lo más correcto? ¿Y si no pasaba nada; y si me pasaba algo; y si culparía a las monjas? Este miedo se ve reforzado aún más cuando las monjas me dicen que es pecado desobedecer las órdenes de un progenitor. Así me atrevo a decir que con doce años me quedé muda. El caos que llevaba dentro me afectó muchísimo más de lo que nunca pude imaginar y se alimentaba de las palabras que no era capaz de pronunciar. No sabía contar un chiste con lo que me gustaba. Evitaba las reuniones familiares. Temía lo que podía contestar porque mi madre me limitaba mucho, no me permitía hablar, a pesar de ser parlanchina y muy desenvuelta a la hora de contestar.

Así pasé largos días de mi niñez y adolescencia. Como un reloj de arena constantemente volteado donde el tiempo, disfrazado de fina línea de oro huía de un receptáculo a otro y me arrastraban consigo. Consumí tiempo y lo vi escaparse por las grietas de las paredes frías del convento.

La parte buena de la historia es que conocer a la directora del colegio Santo Ángel fue lo mejor que me pudo pasar. Era de origen cordobés, alta y corpulenta además de guapa. Le ha callado la boca a mi madre en más de una ocasión diciendo que era inteligente y realmente capaz de conseguir todo lo que me propusiera en la vida, pero que a la par tenía un grave problema en relación al vínculo que nos unía. Otra monja seglar, Isabel Domínguez era más exigente en el sentido de que si no llevaba las tareas hechas me imponía un castigo que consistía en acudir los sábados a la escuela. Me convenía el castigo educativo donde me supervisaba las tareas, encima, lo cumplía en la misma clase donde había un piano de cola. Pasaba con ella todos los sábados del mes y lo hacía encantada pensando que era mi salvación.

Voy a resumir diciendo a los jóvenes que nunca dejen de estudiar. Su estudio es su trabajo y no tienen por qué preocuparse por nada más que no sea sacar tiempo para la familia, los amigos, jugar y estudiar. Aprender es muy importante. Sin ir más lejos pensé que quitándome del colegio iba a ser muy feliz en mi casa. No fue así y no sabía cómo hacer para volver atrás y recuperar el tiempo. Es muy fácil decir que algo se recupera o que se está a tiempo de empezar desde cero porque la desolación es muy grande. ¿Dejar de estudiar? ¿Pero qué dices? ¿Quién se puede permitir ese lujo? Una mente necesita desarrollarse y asimilar conceptos que más tarde ayudarán a enfrentar la vida con compromiso, responsabilidad y experiencia. Es cierto que nunca es tarde, pero tampoco tenemos que dejarnos llevar o elaborar autoengaños y menos creer que son una salvación, sino ser razonables y coherentes con la realidad que nos ha tocado vivir a cada uno en concreto.

Quiero transmitir que realmente es muy difícil hacer algo que no se ha hecho en su momento a no ser que venga una buena persona, te coja de la mano, (no de otra parte del cuerpo) te acompañe y te enseñe el buen camino. Ten cuidado de quien vas acompañado por el camino que quizás debas emprender solo, no vaya a ser que te dañe o te lastime de alguna manera. Una persona que tiende su mano limpia es porque quiere enseñarte o acompañarte en la aventura de retomar el mismo camino que dejaste atrás.

Estoy muy orgullosa de mi historia, que a fin de cuentas es superación y motivación. Es perseverancia en luchar contra lastres que no me dejaban vivir. Historia contada en primera persona; fragmentos muy emotivos que forman parte de mi vida.

Lo que transmito en este libro es personal, nada de obras de teatro que me haya inventado. ¿Parece que estoy echando flores a mi vida? Porque lo mismo las tiene y donde veo negro sobre blanco o viceversa, soy capaz de ver como por las grietas asoma una florecita de color o una ramita verde. ¿Sabes qué son las pequeñas ramificaciones? Son las personitas chicas. Los niños avisando a los padres de esas ramitas que están creciendo dentro y necesitan espacio, pero los padres demasiado ocupados o desatendidos, no saben o no quieren cuidar esa florecilla.

Pasar por alto las señales que arrojan los niños implica que a la fuerza se tienen que hacer más fuertes y responsables de lo que corresponde a su edad. Implica madurar antes de tiempo y saltarse varias páginas de los libros de su vida, o éstas han sido directamente arrancadas sin sentimiento haciéndoles daño. Es obligación de los padres educar a los niños por el buen camino con una disciplina adecuada a su edad y necesidades porque cada niño es único a su manera.

Por eso decidí escribir este libro. Me duele guardar todo. Ya no quiero llevarlo porque desde dentro ha hecho daño, motivo por el cual lo estoy contando. Fíjate si ha quedado marca que me acuerdo perfecta y absolutamente de todos los detalles, escenarios, personas, de la ropa que llevaba puesta.

CAPÍTULO III

DESPUÉS DE LOS 12

Soy creyente y practicante, rezo el rosario y acudo a misa todos los días. Soy una mujer de mucha fe que cree en la palabra de Dios y en la Virgen, confesándome con regularidad. Recuerdo que el mes de mayo en el colegio era de calma y calidez característica de la primavera. Con doce años, conocí la vida espiritual que me llenó el alma. Cuando un día estaba en una iglesia, la Iglesia de la Concepción, esperando a mi amiga, quedé impresionada. La belleza del momento me envolvió y me fijé en un lienzo que daba vida a una Virgen rodeada de ángeles, alzada en el altar ocupado por el cura que estaba oficiando la misa. Era la Virgen de la Concepción vestida con un llamativo manto azul. En casa no mencioné nada de lo que acababa de presenciar espiritualmente pensando que a mi madre le podría molestar el hecho de que profesase devoción por algo o alguien que no fuera ella.

El comienzo de los doce años gira en torno a un acontecimiento que ha supuesto en mi vida un giro brusco de ciento ochenta grados que primero tuve que asumir luego encajar donde se pueda. Mis padres tenían un puesto de venta de carne en un mercado situado en una gran plaza, pero deciden comprar un despacho y pasar a esas instalaciones la carnicería. Mi madre, hasta el momento muy entregada a su vida hogareña, resulta que está en disposición de ponerse a trabajar con mi padre. Era muy empática y trabajadora, tenía don de gentes y facilidad para ganarse a las personas. Consiguió una potente cartera de clientes, que encantados con el trato, confianza y comunicación volverían sin duda a comprar sus productos de calidad.

No sabía cómo encajar aquello. Sólo recuerdo que estaba en el pasillo de casa y me fui escurriendo, escurriendo, escurriendo mientras unas profundas respiraciones me inundaban el pecho, sacudiéndolo.

Interviene en la historia un nuevo personaje, una señora que llevaba con mi madre desde su casamiento. Ayudaba en los quehaceres de la casa ganándose el cariño y el aprecio de la familia. Angelita, fue testigo directo de mi crecimiento, de mis llantos, de mis penas. Encontré en ella un hombro sobre el que llorar que me acogía en momentos que requerían consuelo y compañía.

Llegó el día en el que Angelita dejó de venir a casa porque tenía sus propias circunstancias personales que requerían de su presencia por lo tanto dejó de hacer las tareas del hogar. A esto se suma el comienzo de la vida laboral de mi madre que va a trabajar con mi padre en el negocio familiar. Con tan solo doce años percibo movimiento a mi alrededor y me quedo sin los dos pilares que se dedicaban al cuidado de la casa, así que, por mi cuenta y decidida a asumir el riesgo, sustituí indirectamente a Angelita para tener contenta a mi madre al finalizar la jornada de trabajo.

¿Una niña de doce años fregando una casa? No se contemplaba en la familia. Ni por parte de padre ni por parte de madre. Quizás para evitar que mis padres mencionen el tema de los estudios, me quedé a cargo de la casa.

Por las tardes estaba en el colegio en clase con las monjas. Las mañanas no las aprovechaba para estudiar. Limpiaba la casa a conciencia y con total libertad de arriba abajo: barrer, fregar, poner la lavadora, doblar la ropa y clasificarla por colores. Para tener contentos a mis padres al volver a casa preparaba hasta la comida: un rico caldo, una menestra de verduras, un pisto, pollo, lo que fuera con tal de recibir cariño a cambio. Nadie me enseñó el oficio de la limpieza ni como cocinar. Nací escrupulosamente perfecta, organizada y muy apañada. Dentro del vientre de mi madre, para afrontar el desequilibrio emocional, establecí mi propio orden que tenía que quedar reflejado por fuera.

La etapa comprendida entre los doce y quince años son los más importantes de la vida de un joven adolescente por numerosos motivos. Es la edad idónea para corregir conductas, conocerse, salir y hacer amigos, estudiar y jugar en el patio con los demás niños, participar en clase, preparar exámenes, etc. Es una edad decisiva que marca el carácter y la personalidad de la persona, siendo esta única, pero cuidado, que como los referentes de más importancia fallen, incorporamos fallos en nuestro sistema de creencias y manera de ser.

Mi madre cometió un error. Nunca se ha preocupado por si aprendí la lección del día, o si llevaba las tareas hechas. No tenía tiempo de hacerlas y no parecía alarmar a nadie. En ningún momento me han aconsejado dejar de hacer lo que estaba haciendo y dedicarme a mis estudios que hubiera sido lo más lógico. Ya no sólo mi madre. A todo esto, ¿dónde estaba mi padre y porque no se preocupó porque yo estudiara?

Las monjas querían comprobar qué hacía sola tanto tiempo. Desde sus puntos de vista consideraban que me sobraba tiempo para hacer las tareas. La monja seglar llega a dudar e interpretar que si no hacía las tareas era porque pasaba tiempo con esa amiga a través de la cual conocí la vida espiritual. Con mi amiga y de las pocas que tenía jugábamos, salíamos a pasear, y hasta visitaba su casa. En ocasiones ha tomado nota de los deberes que tenía que hacer para el siguiente día. Tenía una amiga de la que disfrutaba y era muy feliz así que no era precisamente la responsable de no hacer los deberes. Si no lo hice fue por falta de tiempo que me quitaba las tareas de casa.

A pesar de haber sido muy servicial y entregada con el hogar, mi sacrificio y todo el tiempo que le dedicaba pasaba totalmente desapercibido.

Ni un comentario ni un reconocimiento por lo bien que lo estaba haciendo. Mis padres no han reforzado mi autoestima. Eso me hubiera servido, pero no se contemplaba así, no se decía nada. Esperaba que me dijeran algo. No decían lo que yo hubiera querido escuchar. Aunque sea reconocer que no me mandaban hacer nada de aquello. Tenía que demostrar no lo que valgo ni lo que soy, porque ahí quizás me hubiera dado cuenta de lo que valgo. Nada más quería que me quisieran, y haciendo todo esto, me tienen que querer, aunque sea a la fuerza. Así actuaba con doce, trece, catorce y quince años en base a mi pensamiento y sentimiento. A fin de cuentas, quería sentirme querida y reforzada. A día de hoy sigo exactamente igual: queriendo que me quieran. Es fundamental para mí saber que las personas que me rodean me quieren igual que yo a ellos.

Tampoco pretendía recibir grandes elogios, pero dar mucho sin recibir nada a cambio desgasta demasiado y consume la energía que se tendría que emplear en nada menos que hacer bien otras cosas. Porque de nada vale hacer con maestría y gran talento algo que no se debería de estar haciendo en absoluto. La edad no correspondía a lo que estaba haciendo. Ni había realmente necesidad de hacer lo que estaba haciendo. Nadie parecía percatarse. Mi madre podría haberse dedicado a la casa perfectamente por las tardes o contratar a alguien. En parte era feliz. Progresivamente contaba con la aceptación, aprobación y amor de mis padres sin embargo me faltaba tiempo para hacer mis tareas y algo dentro de mí no estaba en su sitio. Mejor dicho, nada estaba en su sitio. Las cosas se hallaban flotando en una nube de desamparo que se posaba pesada sobre mis hombros. A medida que me acercaba al colegio por las tardes el dolor de estómago y la tristeza estaban al acecho cual lobo hambriento por alejarme de mi madre y no pasar la tarde con ella porque por las mañanas estaba ocupada. Llevaba una vida confundida. Ningún adulto de la casa me enseñó otro camino o al menos uno más acorde a las necesidades de una niña de doce años. Sentía vergüenza, y no sabía de qué. Con lo perfeccionista que era.

Jamás dije a nadie lo que estaba haciendo y a lo que me dedicaba en casa. Hasta ingenié una mentira: les dije a las monjas y a mis amigas que en mi casa había una persona contratada para limpiar. ¿Por qué lo hice? Supongo que para evitar que el entorno sacase conclusiones precipitadas o interpretaran la aceptación de mi situación por parte de mis padres de manera equivocada. No quería poner a mis padres en una tesitura delicada delante de otras personas. Y todos sabemos a estas alturas de la historia, que a mí me avergonzaba inventar cosas. No tenía valor ni ganas de estar presente y participar en reuniones familiares. Si se me hubiera escapado algo de lo que hacía en casa podría armarse un lío y dejar a mis padres en evidencia. No quería que eso sucediera porque supondría estar en guerra con mi madre y con mi madre, no quería guerra, quería amor incondicional bajo cualquier criterio, aunque aquello supusiera dolor moral para mí o renunciar directamente a mi moral. Aun así, esta experiencia sirvió de algo: volverme más exigente. Aunque si lo miramos de otra manera mis padres también podrían haberme dejado en mal lugar porque en las reuniones familiares se habla de todo y es inevitable que alguien no pregunte por las notas o, quien más quien menos, presumiese de las de sus hijos. A mí nadie me miraba las notas que traía cada mes. ¿Cuál sería la respuesta de mis padres a tal pregunta? Para evitarlo y pasar más vergüenza aún, me retiraba. Bajaba de la silla, abandonando a los invitados que rodeaban la mesa. A medida que me alejaba quedaba a mis espaldas los susurros y divertidas charlas, que llegaban en forma de eco por el pasillo hasta mi habitación. Charlas, conversaciones en las que hubiera participado tan alegremente porque me gustaba la gente y relacionarme con ellos porque era muy habladora y social.

No iba bien encaminada pero no me han enseñado otro camino más acorde a mis necesidades. Era perfectamente ordenada y disciplinada de cara a los demás. Por dentro vivía caos y desorden que me carcomía por no encontrar coherencia entre lo que de verdad quería hacer, lo que debería hacer y lo que realmente estaba haciendo. Con trece años me despertaba de madrugada para rezar el rosario, planchar la ropa, recoger la casa. Siempre con cariño y disposición. Nunca me sentí cansada ni presionada para hacerlo. No había fregona, fregaba de rodillas y a mano el extenso suelo de mi casa con un cubo de agua con lejía. Conocía cada rincón, hasta los rodapiés. Identificaba de memoria y a ciegas los azulejos agrietados o rotos y el mobiliario más próximo a los mismos.

Ser constante en las tareas del hogar me convirtió en una profesional del orden y la limpieza. Estos conocimientos y práctica persistentes serían beneficiosos a largo plazo para cuando estuviera en mi propia casa con mi familia. El beneficio con trece años, contaba con un serio inconveniente que conllevaba frustración y pena. Rumiar los mismos pensamientos una y otra vez sin darle salida o poner solución me atormentaba y el estómago me torturaba muy lentamente haciéndome encoger.

He llegado a rozar tal obsesión y meticulosidad que cuando me daba cuenta de la perfección desordenaba deliberadamente lo que estuviera haciendo diciéndome a mí misma que daba igual. Era inteligente, a fin de cuentas.

Después de todo lo que tenía que hacer a partir de las seis y media de la mañana que abría los ojos con alegría, no quedaba mucho tiempo para las tareas y a las cuatro de la tarde del mismo día tenía que ir a clases. Da igual si las tareas no estaban hechas, el caso era dejar la casa ordenada.

¿Qué hubiera pasado si no lo hubiera hecho? Quizás mi madre estuviera más entusiasmada viéndome hacer las tareas. Es mucho suponer y no podemos saberlo porque no me vio en esa tesitura. De lo que sí estaba segura era de que todas las personas que me rodeaban tenían que estar muy contentas conmigo. A mí me tenían que querer.

Recuerdo una de las veces que mi amiga me invitó a comer a su casa con el permiso del padre. Por la parte que me toca llamé al número de teléfono del despacho de mis padres para pedir igualmente permiso. Por la otra línea respondió la voz de mi madre. La contestación fue una pregunta: *"¿Están las cosas de casa hechas?"*

O sea, ¿eso se transforma indirectamente en una condición de si se ha hecho una cosa se me concede permiso para hacer la otra? Fui a casa de mi amiga a comer según estaba previsto y me llevé la angustia. Me sentí abrumada por la contestación de mi madre que no esperaba en absoluto y me entristeció. La dependencia respecto a mi madre no dejaba la puerta abierta al diálogo, sino que una simbiosis funciona de la siguiente manera: necesita a la fuerza la intervención de dos elementos donde el más grande o el más fuerte manda sobre, o se nutre del más pequeño o vulnerable.

Ese día quedó grabado en mi memoria, me decía y me imponía a mí misma que como no priorizase las tareas del hogar algo estaba haciendo mal. En vez de consultarlo con un adulto más responsable para llegar a un entendimiento más razonable, yo misma me daba un discurso con un pésimo diálogo interior. Mi voz interior era crítica, dura y exigente.

Debido a la fuerte simbiosis que tenía con mi madre, quería tenerla siempre contenta. Si no fuera por sus problemáticas reacciones en el embarazo a lo mejor hubiéramos podido solucionar las cosas de una manera distinta. Reconozco que jamás me quejé por no tener tiempo para hacer las tareas. Pero si un hijo todos los días hace las cosas bien porque un día no lo hubiera hecho tampoco pasaría nada, ¿no?

CAPÍTULO IV

DESPUÉS DE LOS 15

En esos tiempos de Franco, cuando yo era joven, en España era obligatorio realizar unos servicios sociales según el nivel cultural y de escolaridad. En mi caso, con escaso nivel académico tuve que someterme a un período más prolongado en comparación con aquellos que iban más preparados. Primero venía una parte teórica que supondría de nuevo un dolor de estómago familiar, acompañado de cierto recelo y vergüenza ajena que experimenté sobre todo los primeros días. Empecé el curso con miedo y recelo, vergüenza e inseguridad.

Milagrosamente y paso a paso fue disminuyendo hasta el punto de desaparecer y he conocido personas nuevas con las que interactuar. Estaba muy contenta y alegre del momento que estaba viviendo y por dejarme llevar por las circunstancias sin oponerme. De alguna manera tenía que hacerle frente a mis miedos y mi rechazo a avanzar que tanto me ha hecho perder. Algunas de las amigas sabían de antemano cómo iba mi historia en relación al estudio así que más avanzado el curso, me incitaban a contestar las preguntas que lanzaban los profesores. Y todas las respuestas eran correctas. Este acontecimiento marcó el comienzo de buenas notas y el esperado aprobado o apto. Era apta para aprender, asimilar nuevos conocimientos y hacer un examen.

¿Dónde hubiera llegado si me hubiera rodeado de tardes con amigas velando para que yo me aclarara?

Me apoyaron mucho y tuve éxito en los meses que duró la experiencia porque estudiaba en compañía de mis amigas por las tardes. He sumado un punto más a mi favor: tenía un círculo de amistades y me las llevé a mi terreno, a mi casa, donde tenía autoridad. Siempre consideré importante los vínculos de la amistad. Disfruté esos instantes y la compañía como nunca lo había hecho antes. Descubrí un poco del dulce fruto de la independencia ya que la ausencia de mi madre cada vez dolía menos, liberándome de la jaula donde yo misma me había metido y cerrado. De hecho, no me hacía falta mi madre. Conocí la serenidad y enterré la ansiedad.

Con la primera parte teórica del curso aprobada, damos la bienvenida a la segunda fase que consiste en realizar una prueba práctica. Mi tutora académica me destinó tres meses al Gobierno Civil como una auxiliar o ayudante del Secretariado. Llegué y me adapté con cierta rapidez y facilidad hasta el punto de quedar encantada con el ambiente laboral. Una de las tareas que me encomendaron fue estructurar el archivo que, por cierto, dejé muy bien organizado gozando muchísimo de la labor.

He sumado un punto más a mi favor: era productiva y apta para realizar funciones laborales altamente satisfactorias. Me he visto a mí misma en un escenario optimista, envuelta por momentos de bienestar personal. Me reforzaron las apreciaciones de los supervisores y demás trabajadores del secretariado.

La estancia donde se situaba la Secretaría de aquel grandioso edificio, era muy amplia y contaba con varias mesas de trabajo. Desde un muro al otro la estantería compuesta por numerosas baldas quedó totalmente ordenado por ficheros. Hice que me trajeran carpetas nuevas, todas las que necesitaba para realizar un índice o nomenclátor de los pueblos que componen la Provincia de Badajoz. Empleé una pluma estilográfica haciendo letras de molde en la cubierta de las carpetas, entendibles e identificables.

Enfrentarse a los obstáculos de la vida con una buena actitud influye sobre lo que nos pasa y cuando las cosas van bien, indudablemente pueden mejorar. No sé si he conocido o he rescatado la autoestima en ese punto de mi vida generando altas expectativas. Me encontraba bien conmigo misma. La vida me sonríe y tras cerrar este capítulo de aprendizaje el que le sigue después es todavía mejor. Conocí a mi ex marido y la relación con mis padres había mejorado. Conocí la libertad de actuar por mi cuenta sin tareas pendientes que me robasen más tiempo.

El curso finalizó y empezaron mis vacaciones. El verano es una de las épocas más alegres del año: vacaciones, sol, descanso y tiempo para desconectar. Disfruté ese verano por todo lo alto: salí con la pandilla por la zona del Centro; paseamos por el río en botes remando; tomé el sol hasta quemarme por una loción que yo misma elaboraba, a base de yodo; me citaba con mi chico; viajé a las playas de Portugal y al chalet de Campo Maior con la familia.

Mis padres confiaban mucho en mí. Tenían un piso inhabitado y me lo cedían para los encuentros y guateques con mi pandilla. Por este motivo, mi entorno me tomaba por una niña pija y consentida, pero por dentro no lo era. De cara a la galería todo iba muy bien y no había indicios de lo contrario. Nadie supo lo que pasé para llegar hasta ahí. En ese espacio me sentía empoderada y fantástica porque mis amigos respetaban mis normas y condiciones: sólo acudían las personas que yo invitaba y no se consumía alcohol. En cambio, yo no iba de invitada a ninguna fiesta. Indagaba sobre quiénes asistían y como no tuviera alguno en gracia o no me convenciera su presencia no asistía. Por eso me los llevaba a mi piso; fuera del mismo no podía controlar quién entra y sale. Así, mi autoestima se vio más reforzada aún por el poder de tomar las decisiones que quisiera libremente disfrutando a la vez de los invitados.

Era muy feliz y radiante. La felicidad no se mide en lo que tenemos materialmente. Es mucho más placentera y duradera. Es conseguir nuestro bienestar psicológico y cuidarnos. Son emociones positivas y beneficiosas para el organismo. Se compone de recuerdos y personas. Este cúmulo de sensaciones estaban presentes en mi vida, convirtiéndome en una chica muy carismática y entregada a vivir los mejores años que brinda la juventud. Parecía conocer los beneficios de mi comportamiento cariñoso:

• Besar a una persona querida nos hace liberar endorfinas, así que evitamos padecer una depresión.

• Tomar el sol aporta vitaminas al organismo y mejora el estado de ánimo.

• Las risas liberan serotonina generando humor y armonía.

• Conocer el amor genera dopamina y ayuda a la relajación.

• Hacer el amor genera oxitocina, incrementando el placer.

La felicidad es la esencia de pequeños momentos y detalles que pueden parecer, de primera, insignificantes. Es el sentido que le damos a la vida tras superar baches que en un principio parece que se van a extender a lo largo de toda la vida.

CAPÍTULO V

ENAMORAMIENTO/NOVIAZGO

Mis apetencias y mi atracción por un hombre estaban muy bien pensadas y definidas. A los doce años estaba maquinando en mi cabeza y analizando en qué hombre sería el más adecuado para mí. Quería un hombre que me enamore cada día porque yo he visto esa complicidad de valor incalculable en mis padres. Mi padre era un hombre amable, serio, cariñoso, enamorado de mi madre, muy devoto y entregado a la familia. Si aquello rozaba la perfección, yo lo quería más perfecto aún.

Lo que enamora cada día al levantarte es la actitud, la esencia y la elegancia de un hombre. Con elegancia no me refiero a que lleve siempre un esmoquin encima, sino que lo lleve incorporado en su personalidad varonil y en sus principios. El físico atrae, pero la actitud y la cortesía seduce. Seduce la forma en la que un hombre se comunica y se expresa con los demás, su aspecto y su personalidad. Mente despejada y equilibrada.

Antes de conocer a mi marido, mi familia me presentó a un chico con el objetivo de emparejarnos. Así de primeras era aparente, guapo, pero creído lo que hizo que la atracción no fuera mutua y eso que provenía de buena familia. La inseguridad y los complejos que sufría me impidieron dar el paso, aunque sea para darle una oportunidad y conocerle. No me interesaba y no formalizamos ninguna cita. En alguna fiesta o por casualidad nos volvimos a cruzar. Parecía siempre dispuesto a saludarme e iniciar una conservación sino fuera porque le quitaba la cara, miraba para otro lado y le negaba el saludo. Tan descaradamente, como si me debiera algo.

Con catorce años tenía la cabeza en otro sitio. Tenía preocupaciones y miedos, estaba insegura debido al fracaso escolar. Todos parecían avanzar en la dirección correcta menos yo. Veía prosperidad a mi alrededor, que no en mí.

Mis padres no se dieron por vencidos y lo han intentado una vez más. Me presentaron a un chico. Guapo, estiloso, de la escuela de pilotos, con grandes ideas y proyectos futuros. Uno más que ha sido descartado como pretendiente. No me interesaba. Recordé las palabras de mi abuela Pura, a la que consideraba muy sabía y por la que profesaba un cariño que solo existe en cuentos.

"- Cuando elijas un hombre, si no eres feliz ¿para qué lo quieres? Por un mal hombre vas a llorar, y mucho. Es más, si te lo propones puedes llorar y a la vez no darte cuenta del paso de los años porque estás demasiado hundida en la pena."

Una tarde acompañando a mi hermana a la Cruz Roja, se nos acerca de frente a paso ligero un joven muchacho apuesto. Era alto y guapo. Mi hermana lo reconoció enseguida, se sonrió, me miró y me dijo:

"Ahí va ese amigo que quería conocerte"

El novio de mi hermana tenía un amigo y quisieron presentarnos. Tenía amistad con mi exmarido y le habló de mí.

Un vozarrón nos dirigió un saludo. Me llamó la atención su altura y sutil elegancia. Abrí los ojos para admirar de arriba abajo la perspicacia del chico conforme se acercaba atléticamente. No llevaba ropa elegante, sino que era elegante. Marcaba pasos firmes, tenía una voz fuerte y segura. Fueron varios aspectos en los que me fijé. Me resultaron atractivos sus gestos y movimientos, me han causado muy buenas sensaciones.

Observé con mucho agrado que con cualquier persona podía hablar y esa persona quedaba encantada con él. Lejos de ser un bien queda, era muy agradable y amistoso. Tiene hasta una vértebra dislocada por agacharse para hablar con la gente. Es considerablemente más alto que la gran mayoría. No me confundí. Elegí bien. Me sentí muy orgullosa de aquellos momentos, de la chispa de la primera vez que nunca se olvida.

Nos conocimos con diecisiete años. Con dieciocho planificamos el rumbo que tomarían nuestras vidas. Estaba todo hablado para evitar sorpresas inesperadas. Empezaríamos de entrada por dos hijos y lo más importante, sin llevarnos a nuestro hogar comportamientos o actitudes que hemos visto en nuestras casas y fuera de éstas y no nos ha gustado. Estaba todo hablado.

Ahí me di cuenta que había entrado en otra dimensión y supe apreciar la diferencia entre amar y querer. Amar es enamorarse diariamente y cuidar del vínculo con cariño. Amar es pasar unos límites con la persona que has escogido compartir gustos y años de tu vida. Establecer unas pautas a respetar por ambos, una unión y vivir el sabor del roce, desde el cariño y la ternura hasta la explosión de la penetración más placentera donde dos cuerpos se funden en uno. Vivir y hacer el amor es la sensación más placentera del mundo cuando la persona idónea te acompaña.

Ese hombre me ha acompañado con muestras de afecto, de cuidado y cariño. Me hizo sentir muy plena por todo su esfuerzo y atención. Se adentró de alguna manera y llenó mis sentimientos, me llenó de besos y caricias. Me hizo sentir LA MUJER MÁS IMPORTANTE DEL MUNDO.

Tras el matrimonio, mi familia disfrutó de un entorno bien estructurado. Éramos unos padres muy cariñosos entre nosotros y con nuestros hijos. Él trabajaba y yo gestionaba la casa; hacíamos un excelente trabajo en equipo. Al haber sido siempre muy hogareña absolutamente todo se mantenía limpio y organizado. Cocinaba con muchísimo gusto, paciencia y alegría desde una simple sopa hasta los platos más elaborados. Cuando preparaba un guiso era para comer todo lo que venía en el plato y después digerirlo. Ya no era sólo cuestión de comer, sino que esa comida tenía que ser digerida adecuadamente. Preparada y elaborada paso a paso. Era relevante para mi cultivar ese hábito en mis hijos: nutrirse adecuada y equilibradamente, hacer buenas compras y respetar las comidas del día. Inculqué a mis hijos el mejor ejemplo de alimentación y gestión emocional proporcionándoles una educación basada en la paciencia donde predicábamos con el ejemplo

Habiendo vivido esta experiencia plenamente satisfactoria, en ocasiones me preguntaba decepcionada porque la gente en general tenía tantas prisas por encontrar el amor si eso no se proporciona así de fácil ni rápido, sino que consiste en construirlo en relación a un tiempo y paciencia. Es imprescindible tener un momento de reflexión, tomarse un tiempo para pensar razonablemente y aclararnos sobre nuestros gustos. Analizar a quién tenemos enfrente y sobre todo reconocer y respetar nuestros valores. Es decisivo tener la estructura clara a la hora de hacer nuestras elecciones y nuestro compañero de vida es una elección muy importante.

Otra cosa que nunca entendí fue a esas parejas que no se dedican tiempo. No se preocupan el uno por el otro, parecen aburridos y el vínculo es bastante débil. Mi exmarido y yo nunca estábamos cansados. En nueve meses de embarazo, teniendo en cuenta que tuve dos, no he tenido ningún mal día ¿Cómo te lo explicas? Todas las mañanas que se iba a trabajar no lo hacía de cualquier manera. Se llevaba siempre un fuerte abrazo y un aderezo de caricias y cariño de la noche anterior descansaba sobre su piel y lo acompañaba a donde quiera que fuera.

Me enamoré con intensidad de aquel hombre que marcaba el mismo ritmo que yo. También digo – y esto es muy importante – no perdí mi identidad por la separación. Conocí el amor. Otras personas no han llegado siquiera a conocer el amor.

Aprendí a transformar la más oscura piedra en una maravillosa y colorida flor. Transformar y sustituir (en una relación de pareja) el "*déjame, ahora no me apetece que me duele la cabeza*" por un "*ven aquí y bésame porque es así como el dolor se alivia*". Transformar la escasez de dinero en herramientas para fortalecer una unión e intentar en la medida de lo posible que no se vea afectada por esa carencia. Pero ¿qué pasa cuando no se siente lo que se debe sentir? Que empiezan las trabas y la espiral de pegas es cada vez más grande. Por ejemplo: una esposa está cansada de la rutina y del marido, o viceversa y no hacen el amor, no se buscan, no se excitan.

Ese acto tan placentero de conexión y otros lo evitan. Será que si no tienen relaciones es porque no las disfruta y el deseo se ha deteriorado notablemente o ha desaparecido. Otros no se aguantan, no se besan, no comparten su día y se tratan con indiferencia siendo distantes. No hablan sobre cómo les ha ido el trabajo, cómo se sienten, hablan en piloto automático, como si fueran máquinas programadas a responder lo mismo, dando las contestaciones justas y necesarias, cuando no cortantes, finalizando la comunicación. Se dejan consumir por el aburrimiento y la rutina sin disfrutar uno del otro.

CAPÍTULO VI

CASAMIENTO

Siempre estaba pendiente del conjunto de ropa que vestía incluso para estar por casa. Y más si salía a la calle. Tenía que ir conjuntada. Con el bolso colgando en el hombro a juego con el colorido o estampado de mi ropa. Pero a la hora de casarme, lo más grande que tuve dentro, por eso supe hasta donde llegaba el límite del casamiento, no me preocupé por nada que tuviera algo que ver con el vestido de novia.

He pensado hasta en llevar un vestido romántico, un traje para un momento especial con una simbología, pero nada más. No tenía el nervio del banquete, de elaborar la lista de los invitados (algunos de ellos lejanos que apenas rozamos), de elegir el color del papel o de los sobres de la invitación. Pasé totalmente por alto la decoración. No me encargué de contactar con ningún salón de bodas, ni catering, ni degustación de menús, ni cocktail al aire libre ni brindar en copas estilizadas de champán espumoso. Yo no quería saber nada de ese embrollo estresante, y no lo tuve en cuenta. Estaba por encima de ello. Lo único que pensaba como buena, futura novia joven, creyente y practicante era el día en que Dios me diera la bendición en el altar acompañada de la mano del que sería el amor de mi vida. El sacerdote sí que fue buscado por mí. Era de las pocas y serias preocupaciones del día de mi casamiento. El cura tenía que ser tan especial como el momento de dar el esperado SÍ, y así fue, con decir que a día de hoy se le ha dado reconocimiento de santo. Este cura en concreto tenía todos mis respetos.

En esos instantes próximos a la unión en santo matrimonio, solo vivía para dos cosas: una: la bendición del Señor en el altar y juramento como señal de amor y fidelidad. La segunda: era que viviría con el amor de mi vida, haría mi vida con él. A partir de ese momento seríamos ambos libres de amarnos.

Fui a una tienda especializada en diseño de vestidos de novia para elegir dentro de una amplia variedad, el que yo quisiera. Mi vestido no fue de detalle, ni de cintura ceñida con tul, seda u otros embellecedores como joyas brillantes, transparencias o lentejuelas. Mi madre estaba incrédula y anonadada de ver como en mi día a día podía alcanzar esa perfección conjuntando las prendas y un día tan señalado en mi vida ser totalmente indiferente. En la playa el bañador tenía que ser de dos piezas o de una para estar lo más cómoda posible sin agobiarme del calor. Cuando salía a la calle, tenía que ser impoluta, pero no tuve un interés especial en el vestido. Quería que mi marido me viera llena de flores, guapa y radiando felicidad. Quería vivir con él y ser feliz.

Lo mismo me daba lo que pensara la gente de no cumplir con un deber hacia con la sociedad de hacer un banquete por todo lo alto con comida y bebida en abundancia. No sabía cómo lo interpretarían y me entraba por un oído y me salía por otro los chismorreos. Ese día quería ser libre y feliz. La familia pensaría que vaya tela con la niña, pero me daba lo mismo. Tener que estar de pie tantas horas, ser foco de la atención y felicitaciones, estar pendiente de los invitados, las copas, los saludos, las fotografías y las poses. No me he desquiciado por los detalles porque estaba demasiado enamorada.

Los detalles de nuestra boda se hablaron muy claramente. Consulté con él para saber su versión, opinión y si quería un bodorrio por todo lo alto. Fue mutuo acuerdo y coincidimos en lo mismo: no nos interesaba banquete ni invitados, sólo unirnos en santo matrimonio y empezar a construir una vida juntos.

Fui a reunirme con el cura yo sola a inventarme una trola. Me tenía que casar a las ocho y media de la mañana, y no a las nueve como había propuesto él. Puse la excusa de que justo después del banquete, que no se oficiaría me tenía que ir a Sevilla para coger el avión que nos llevaría a nuestro destino donde disfrutaríamos de nuestra luna de miel. Mentira. No quería que me viera nadie y era imprescindible que la misa fuera rápida, de ahí la hora. Fui consciente de que se lo había colado, pero soy muy recta y no estuvo bien lo que hice. A mi futuro marido y a mí nos vino bien la hora, porque no habrían invitados.

Llegó la hora. Las ocho y media de la mañana con los nervios a flor de piel y feliz. Dimos el sí. Mi sueño llevado a la realidad y sellado ante Dios se encargaría de velar por nosotros hasta el fin. Nada más salir por la puerta de la iglesia me despedí con un abrazo de mi madre. La miré fijamente a los ojos y le hice la confesión más bonita del mundo. Le dije que era la mujer más feliz del mundo, por lo tanto, ella también tenía que serlo. Nos montamos en un coche nuevo que habíamos comprado pocas semanas antes y nos alejamos dejando a los demás con la celebración. Mis padres y mis suegros hicieron un pequeño desayuno en su casa, al que nosotros no fuimos.

Recién bendecida, lo que te tenía que hacer era bendecirme él. Mis padres no lo vieron del todo bien sin la celebración con invitados. Ellos se casaron por lo alto, en la catedral, con miles de claveles, flores, familiares, amigos. Lo único que les pedí a mis padres fueron dos cosas. Que me entendieran y que el dinero que iba destinado al gasto del bodorrio me lo pusieran a mí en una cuenta corriente.

Nos despedimos de nuestros padres y recorrimos las calles hasta llegar a nuestro hogar. Abrimos un mapa que ocupaba una mesa entera de café y trazamos pacientemente un impresionante plan de recorridos y trayectos que haríamos durante el viaje de novios: horas de entrada y registro en los hoteles, sitios por visitar, horas en las que íbamos a parar para comer. Estaba todo pensado. Así estuvimos durante dos días seguidos metidos en casa. Ocultos. Salíamos por la noche a cenar, porque la gente de verdad se ha pensado que el mismo día, tras salir de la iglesia fuimos rumbo a Sevilla para embarcar. Unos días antes compré cosas para llenar la nevera y pasar los días hasta que saliéramos de viaje. Hasta mi padre nos acercó el mismo día de la boda el pan. Y porque no sabía nada de nosotros. No dábamos señales de vida ni contestamos a las llamadas. Preocupado porque no dábamos señales, que al menos tuviéramos pan para comer. Pero no salimos ninguno a atender a mi padre ni a darle las gracias siquiera por habernos acercado el pan, así que lo dejó colgado en la puerta y se fue. Lo vimos por la mirilla avanzando hasta desaparecer del rellano.

Mis padres, como regalo de boda, nos regalaron un piso, en vez de mandarnos los típicos detalles: relojes, otras historias como joyas que se suelen regalar y hay que apreciar. Pero fueron sensatos y miraron a largo plazo.

Instalados en nuestro nuevo hogar, temas y decisiones nuevas aparecieron. Yo no tengo profesión y mi marido sí. Como siempre me he dedicado al hogar, seguiría haciéndolo y administrando los gastos mientras él se estaba introduciendo en las relaciones públicas, como vendedor y comercial en Málaga. Debatimos el tema de si yo iba a trabajar o me dedicaría a la casa. Me lo puso muy fácil porque a mí la casa me encantaba y sabíamos la importancia del orden en la vida de una pareja. Yo no renegaba de ninguna profesión, pero yo era una profesional de la limpieza y del orden.

Me casé con la misma independencia de la gente con la que me separé. Cuando me casé y me separé sentí la más placentera de las indiferencias hacia los demás. No me ha importado nada de nadie, ni comentarios, ni añadiduras, ni interpretaciones sacadas de contexto. He actuado con mi conciencia por delante, lo que hizo que me quedara tranquila en todo momento. Él a su vez se quedó tranquilo, sin echarnos culpas ni balones fuera o no asumir las responsabilidades que nos correspondían por igual.

Remato bien mi historia, que a saber hasta dónde llega, porque aún no ha terminado. Estamos separados, pero ahí estamos. Vivos. No vivo suspendida en los recuerdos. No estoy suspendida en las emociones pasadas de cuando hemos sido matrimonio. En todo caso lo que puedo decir es que me he quedado con buen sabor de boca tras los encuentros que hemos tenido. Después de la separación, la atracción ha sido más intensa aún y los encuentros, dentro de nuestra intimidad, fueron preciosos. Conmigo era el mismo de siempre. No ha cambiado absolutamente nada. El primer encuentro me dejó sin palabras y el segundo encuentro fue mejor, y el tercero mejor, y el cuarto, y así todos los que se dieron. No dejaba de superarse, igual que cuando éramos pareja y la chispa hacía de las suyas jugando con fuego.

Ambos, solteros. Ex parejas, obviamente, pero dos personas adultas sin compromiso, que querían estar juntas, por encima de todo. No me consideraba su ex, simplemente dos personas que se gustaban y se atraían. Libres de tomar las decisiones que quisieran en todo momento y con quien quisieran.

A lo largo de la vida y a día de hoy, diecinueve de abril, sí me doy cuenta de que su vida ha cambiado mucho más que la mía. Su vida ha dado muchas vueltas.

➢ Embarazos

Hablamos clara y escrupulosamente de los planes de futuro. Tendríamos dos hijos y lo más seguido que se pueda, eligiendo el momento adecuado. Mis hijos fueron buscados y queridos, entonces enseguida quedé embarazada de mi hija. Mi primer embarazo fue maravilloso. Me cuidaba, me alimentaba bien y me sentía muy feliz, con energía. A los cinco meses mi marido ascendió en su trabajo, ganándose un aumento y un mejor puesto en una empresa líder en electrodomésticos. Íbamos cada día mejor, nos llevábamos muy bien y nuestra relación se fortaleció en muy poco tiempo. También debo decir que el vínculo que nos unía se ha cuidado con mucho cariño y entrega.

A los cinco meses después del primer parto, y dando pecho a mi hija me quedé nuevamente embarazada. Todo el mundo o se ha pensado que era un cuento o se ha escandalizado por el poco tiempo que ha pasado entre los embarazos. ERA LA MUJER MÁS FELIZ DEL MUNDO, por lo tanto, lo que opinaran no me afectaría en absoluto. Lo supe de inmediato porque me había fallado el ciclo menstrual. En el momento que me di cuenta estábamos en una fiesta que organizaron los mandos directivos de la empresa de mi exmarido. Estaba buscando su mirada entre los invitados para comunicarle con la mía, sin necesidad de intercambiar palabras la buena nueva. La alegría que desprendía y la felicidad en mi rostro le ha dado una pista a mi marido y él, en parte ya suponía algo. Lo celebramos allí mismo.

Alzó la mano con orgullo al camarero para pedirle que nos llenase dos copas de champán y brindar por la vida.

Llevaba un vestido ideal que me favorecía. El pelo bien peinado con los accesorios combinados con los zapatos e iba guapísima como siempre. Tenía que ser todo perfecto. Los invitados quedaron sorprendidos y no se lo creían. Quien más quien menos, nos acompañó en el brindis dándonos la enhorabuena, otros tenían cara de circunstancia como si fueran espectadores de una escena de teatro mal organizada.

El problema estaba en que no sabía cómo decírselo a mi madre, por sus miedos al parto y por las complicaciones que le tocó vivir. Así que mi marido me dio a elegir, o rompía yo el hielo, o tomaría cartas en el asunto porque esa noticia no era para mantenerla en secreto sino para compartirla con el mundo. ¿Qué hubiera pensado mi madre? ¿Tan pronto volver a quedarme embarazada?

Mi marido tenía el don de ganarse a la gente y llevarla a su terreno. Su seguridad inspiraba confianza y al darle a mi madre la noticia, ésta se ha sonreído. Sabía que lo teníamos claro y hemos perfilado muy bien la situación de nuestra familia y crianza de nuestros hijos. Es más, en el momento de la noticia no se ha sorprendido, porque noches antes tuvo un sueño donde me vio a mi con un niño en brazos.

Si el primer embarazo lo llevé muy bien, el segundo estuvo mejor todavía porque ya venía preparada y no hubo nada que me cogiera por sorpresa o desprevenida. Era muy dinámica, abierta, feliz y entusiasmada, contenta y alegre la mayor parte del tiempo, sin cambios de humor ni irritabilidad. Tenía por entonces el pelo largo, por debajo de los hombros, rizado con mucho volumen. Lo solía llevar recogido en trenzas de raíz, pero flojitas. Pensándolo bien, con dos niños y someter mi pelo para alisarlo y arreglarlo, me llevaría dos horas de peluquería al menos, así que decidí cortarme el pelo, y muy corto. Me quedó fenomenal y me estilizó el cuello y las facciones. A mi cara de pitusa le pega cualquier cosa. Cortarme el pelo me haría ahorrar tiempo cuando estuvieran los dos niños.

Mis hijos salieron rubios. Con las cabecitas coronadas con un mantito blanquito. De piel rosácea, resultado de una alimentación sana, nutrición y bienestar durante el embarazo. Ambos tenían los ojos muy abiertos y de un azul indescriptible que ha llamado la atención de alguna enfermera que especulaba teorías muy elaboradas o retorcidas acerca del color de ojo de mis hijos mientras que por dentro me estaba descojonando de la risa. Mis hijos han salido bellos a envidiar porque eso lo he pedido yo en rezos a Dios. Sabía que mis hijos saldrían sanos, igual que los padres, por lo tanto, lo único que les había ordenado e impuesto es que, por favor, salieran guapos. No me gustaba la etiqueta que le han puesto los familiares a mi exmarido por haber pasado en un momento puntual una tuberculosis que se curó enseguida. Se recuperó exitosamente y se ofreció de voluntario para ingresar en el cuerpo militar donde le han hecho pruebas y analíticas exhaustivas sin detectar nada. Una vez dentro se dedicó a instruir a los militares en sus entrenos diarios y duros.

De entrada, supe, por esto, que mis hijos saldrían sanos. Me sentí tan feliz de traer al mundo esos niños tan guapos, educados, atentos, detallistas, tranquilos. Cuando lloraban, que era muy poco, sabíamos de dónde vienen sus llantos y qué les pasaban. Eran muy queridos y hechos con todo el amor del mundo.

Reconozco que nueve meses de embarazo fueron nueve meses de amor y lo dejo abierto a interpretaciones de lo que cada cual entiende por amor de noche y de día. Todos los días de la espera de los niños fueron maravillosos en la mejor compañía. Estaba llena de alegría, de ilusión y de energía. A diario. En nueve meses no he tenido un día malo, ni dolor de cabeza, ni pereza y lo más cerca que estuve del vómito fue a tres arcadas. Mi abuela me decía que vomitar le haría daño al bebé, ya que se contrae el estómago y es violento. Si estaba mala o me dolía la cabeza con que mi marido me besara y me acariciara se me pasaba. Por eso no entiendo cuando otras personas rechazan el contacto poniendo excusas por delante como el cansancio, mal humor, mal día o falta de tiempo.

➢ Alumbramientos

Transcurrieron días de tranquilidad entregados a la calma, a la plenitud de pareja consolidada, hasta el parto de mi hija. Di a la luz a mi primera hija en el hospital materno acompañada por mi hermana, enfermera en aquel tiempo y por mi cuñada. Me velaron toda la noche para sentirme lo más arropada posible y más siendo madre primeriza. El mismo día de San Isidro, tuve a mi hija a las cinco de la tarde. Me dieron el alta y nos fuimos dejando atrás el hospital. Entrar por la puerta de nuestro hogar con nuestra hija bebé, recién nacida tan preciosa, era un rayo de sol que nos iluminó.

El parto del segundo niño que venía en camino estaba previsto para septiembre, según el matrón. Echando cuentas no estaba del todo de acuerdo con él. Quedé embarazada concretamente un ocho de diciembre así que mi parto no conocería el otoño que trae septiembre. En esa consulta no di la lata, asentí y le di la razón, pero por mis adentros sabía que no sería así. Acerté. Con el segundo embarazo aumenté de peso un kilo cada mes, me cuidaba muy bien y cuidaba el embarazo, igual que hice con el anterior para que la diferencia no quepa ni en la punta de un alfiler. Para que hubiera equidad y no echarme la culpa a mí misma. Nadie me ha echado culpas jamás. Pero yo sí me castigaba por cosas que no había hecho mal.

Coincide que toda la familia en pleno agosto se fue de vacaciones y nos invitaron, pero mi embarazo estaba muy avanzado y tras someterlo a debate con mi marido decidimos animarnos y acercarnos a la playa con mis padres. Contaba con el beneplácito del médico que tras una revisión me dio permiso para viajar. Claro, el parto estaba previsto para septiembre.

Una vez en la playa disfrutamos mucho y la niña más todavía. De repente me puse melancólica. Observaba a la niña. Ya andaba como una gaviota y era muy espabilada. Parecía una niña de dos o tres años y articulaba palabras entendibles y razonables.

Siempre que bajábamos me ponía debajo de la sombrilla para salvaguardarme del sol observando a la niña correteando alrededor de las olas jugando con la arena soltando risitas. Me incorporé como pude porque un bulto de niño me dificultaba moverme a mis anchas y era más lenta. Pesarosa, me fui acercando a la orilla hasta que la espuma de las olas llegó a mis pies. En ese momento identifiqué en el cuerpo una sensación parecida a lo que me pasó cuando rompí aguas con la niña. Hablamos de un quince de agosto, puente de Santa María. De la nada me entraron muchas prisas por volver a mi casa. Subimos de la playa al apartamento, me despedí de mis padres con la excusa de que me he quedado tan a gusto que ya era hora de volver a casa. Nadie se explicaba mis repentinas prisas por volver. Una vez en casa, tranquila, me preparé bien. Empecé a lavar, mover las ropitas y colocarlas en el armario del bebé para tenerlo todo a mi alcance y bien organizado en su sitio. Sabía lo que venía.

Una tarde le estaba dando la cena a la niña, me sorprendió una visita que nunca ha estado en mi casa. Era el hermano de mi madre. Me llevaba muy bien con su mujer, pero no manteníamos mucho contacto. Era una persona bastante pasota, distante y no se involucraba con los demás. Tuvieron lo más parecido a un presentimiento y vinieron a mi casa para ver cómo estaba y ... ¡en qué momento! Fueron los que se quedaron con mi hija y mi marido me acompañó al médico porque me sentía rara, aunque por dentro sabía que el parto podía adelantarse.

Nada más cruzar la puerta de urgencia del hospital me salió el tapón que me avisó del inicio del parto, y el médico no me dejó abandonar la sala de urgencias. Aunque pudiera tardar en dar a luz, ya estaba a punto de caramelo y me teníán que vigilar. Mi marido no pudo dar un paso a la sala de parto, ni acompañarme, se tuvo que ir, sin más. Qué triste y doloroso perderle de vista en el ascensor despidiéndonos con un saludo de mano y gestos de preocupación en los rostros. No me lo esperaba, me vi sola. Mi marido, fue llegar a casa, descolgar el teléfono y encargarse de avisar a los familiares que volvieron de la playa enseguida.

Rompí aguas, efectivamente según mis cálculos, antes de septiembre. La enfermera que estaba conmigo no dejaba de insistirme en tumbarme y así, una y otra vez. Me tumbé para darle la razón y me dejara un rato en paz y tranquila. Ella pensaba que era madre primeriza y no sabía cómo actuar. Me levanté para ir al paritorio y ella, muy diplomática, insistía en que tumbara y esperara no sé a qué o a quién. En su cara le di la espalda y en cuestión de una hora y media mi hijo ya estaba en el mundo. Pero menuda hora y media, que larga se me hizo.

Resulta que en el mismo momento que paso al paritorio, entra por la puerta otra chica para dar a luz. La chica de dieciséis años estaba sola y padecía una lesión en el corazón por lo que fue atendida por más personal sanitario del que realmente se necesitaba para esa intervención dejándome sola. Sí es cierto que un problema cardíaco puede suponer riesgos graves tanto para la madre como para el feto que puede heredar igualmente un defecto cardíaco o nacer prematuramente, lo que implicaría incubación, sino un mal mayor. En el caso de la madre, Dios no quiera, se puede agravar muchísimo más. El momento del parto y posparto tiene que estar bien vigilado por los médicos, controlando la frecuencia cardiaca y respiratoria.

La cuestión, considero que tuvo su importancia, pero ¿hasta el punto de dejarme sola? ¿Y si a mi o a mi bebé nos hubiera pasado algo? No había personal al que acudir porque estaban todos reunidos con la madre primeriza sola y soltera. Mientras tanto, olvidada en el paritorio y con el eco de mis voces expandiéndose por el pasillo a la misma velocidad que las contracciones, estaba presenciando el bulto de la cabeza de mi hijo. Noté cómo empujaba desde dentro haciendo presión sobre mis piernas que se separaban para facilitar su salida.

¿Creen en los ángeles de la guarda o en la suerte, o en el destino? A la vista de la situación complicada y la falta de médicos, vino un ayudante para no quedar el turno del todo desatendido y ¡qué coincidencia! En ese momento entra un médico joven y guapo en la sala. Se percató de mi presencia, se dio cuenta de mi agonía y de que estaba sola. Sobresaltó. Sorprendido e incrédulo pegó una voz de aviso o enfado.

– *¡Pero si esta señora está dando a luz sola!*

Entre contracción y contracción, queja y queja le ordené que por favor no se fuera de mi lado, sin dejar de gritar: *"ay mi niño, ay mi niño."* Esa fue mi oportunidad. Le agarré la mano y no lo solté. Me ayudó a moverme y me acompañó al paritorio por esos largos y fríos pasillos de laberinto característicos de un hospital. Seguía sin soltar la mano que la apretaba con más fuerza ante la posibilidad y preocupación de volver a verme sola.

Supe que lo que venía era un niño, cosa que le extrañó al médico que más tarde me preguntaría cómo estaba tan segura de saber que era un niño lo que venía al mundo. En esa época se desconocía el sexo del bebé hasta el parto. Las fuerzas de las patadas y movimientos que me sacudían el vientre me indicaron la llegada de un niño sano y fuerte. Efectivamente. Di a luz a un niño. Fue rápido y lo viví acompañada por el médico al que no le solté la mano en ningún momento.

Al día siguiente recibí una visita cuando el mismo médico asomó la cabeza por la puerta de mi habitación. Estaba avergonzada intentando taparme la cara con las sábanas para evitar que me viera, pero mi risita cansada y el alivio de haber salido todo bien me delataron y tuve que salir de mi escondite tan elaborado. El joven médico vino a verme para asegurarse de que todo estaba en orden, después me hizo una preciosa confesión que aún recuerdo sus ojos mirándome fijamente como si fuera ayer.

– *"Vamos a ver cómo se encuentra esta señora hoy, que me tiene enamorado porque no me soltaba de su lado."*

Se acomodó a mi lado con cierta tranquilidad para seguir arropándome con la misma confianza que me ha demostrado el día anterior. Después se despidió.

– *"Lo ocurrido ayer fue precioso. Fue la primera vez que asistía a una mujer en el parto sólo, sin más compañeros. Y debo darle las gracias por dejarme participar y ayudarla a traer una vida al mundo. Para mí ha sido un honor."*

Una de las enfermeras de la noche anterior ha escuchado, detrás de la puerta sin dejarse ver, pegando la oreja, las palabras con las que el médico se dirigió a mí. Dudó de si el alumbramiento realmente había ocurrido así. Incluso después del bonito reconocimiento del médico y su solitaria participación en mi parto, seguía alterada y decepcionada por no haber sido atendida como corresponde y en vez de dejarlo pasar, porque a fin de cuentas todo ha salido bien, fui a enfrentarme a aquellas enfermeras mujeres y seguramente madres para darles una lección.

Más tarde vino a verme mi hermana, que lleva muchos años ejerciendo de enfermera. Yo, pensando en voz alta solté, así como por hablar algo que iría a saludar a unas enfermeras. Mi hermana no es que quisiera impedírmelo, pero le extrañaba mi insistencia en pasarme a saludar a unas enfermeras que no conocía. Se levantó de la cama y me siguió en la misma dirección hacia la que me dirigía. Cierta seriedad e incertidumbre se podría leer en su rostro. Llegué a enfermería y sin dudarlo abrí la puerta y en tono severo pedí explicaciones a las presentes dando por iniciado mi interrogatorio:

"– Vamos a ver ... ¿Qué hacían tres enfermeras y una matrona ayer acompañando a una chica que ya estaba atendida por médicos? ¿Realmente era necesario darle toda la prioridad?"

Las enfermeras ante esa contundente llamada de atención estaban intentando buscar miradas de complicidad entre ellas y su respuesta fue el silencio. La serenidad cobró vida a través de mi voz que quería ser escuchada y empecé a verter palabras duras y verdades sobre ciertos embarazos.

"Yo en ese momento también estaba dando a luz. Si me da por no gritar o no hacer fuerza, porque no había quien me guiase ¿qué hubiera pasado? Que se hubiera supuesto que no venía preparada o que estaría muy nerviosa y conmigo no se supone nada. Yo venía muy preparada, pero si lo llego a decir me hacéis todavía menos caso por tener experiencia. ¿Qué tiene otra madre de especial? La frágil edad, desconocimiento o problemas de la otra chica que ingresó a la misma vez que yo no son asunto mío porque echando cuentas y si el personal reparte las tareas como es debido, mi llegada al paritorio no pasa desapercibida."

Mi hermana que no estaba al tanto de lo ocurrido el día anterior, permaneció oculta detrás de la puerta escuchando decepcionada mi discurso negando con la cabeza por lo bajo. Ahora entendió las prisas por saludar y con razón. También, hasta donde yo sepa y estoy segura de que fue así, por mi elevado tono de voz me estaba escuchando la madre primeriza que había acaparado la atención del personal sanitario de aquel turno en el que las dos teníamos el mismo derecho de ser atendidas.

¿Qué habrá sido de ese bebé y de esa madre tan joven?

➢ REFLEXIÓN NIDO

A ras de la cuestión con la que doy comienzo a mi libro, que es la gestación, pienso que habrá personas que al leerlo, se censuren a ellas mismas, me censuren a mí, o piensen que estoy equivocada. Buscarán argumentos para defenderse sin saber que no estoy aquí para juzgar y esa función no me corresponde. Pero lo voy aclarar.

Una persona cuando queda embarazada y está en dudas por su estilo vida, por el trabajo, por el entorno, por sus propias circunstancias, el binomio acción - reacción tiene que ser inmediata. Si no lo quiere, más de dos meses no le puede dar y tendría que abortar mucho antes. Sí diría, como reflexión propia, que cuando vean a un hijo en ciertas dificultades, profundicen en el problema y la solución viene sola. Asuman la responsabilidad que conlleva lo que hicieron. Le guste o no, una madre sabe cuándo algo hizo mal. Si no está realmente preparada pone los medios. Una noche con un chico puede acabar de dos maneras: desilusión o maravilla. Un simple acto sexual, ya trae una consecuencia fuerte: disfrute, decepción, felicidad o embarazo.

En caso de embarazo, por mucho que luego digamos que no pasó nada, que no pasa nada, que se asume y se sale adelante, pero no es del todo verdad, el niño de mañana va a saber que no fue del todo así. Sabe que no fue admitido del todo en el vientre de su madre, porque se alimenta de todo lo que piensa su madre, de lo que le dicen a su madre, de lo que come su madre, etc. Por eso digo que lo importante no es el color de la habitación, de la cuna, de la ropa, sino de que su vientre esté preparado, y si le coge desprevenida, pues preparar la bienvenida al niño como si fuera un nido. Construir un lugar seguro para ellos. Un nido simboliza la esperanza y en su elaboración la paciencia y el trabajo en equipo es el material principal, materia prima, oro en paño. Construir un nido con la precisión arquitectónica de una pequeña golondrina que no necesita más que saliva, paja y barro. Gracias a poder vivir en el campo, he tenido la oportunidad de ver vida. He visto muchos nidos y pájaros que indican la llegada de la primavera, del resurgir de la naturaleza, pero lo que es empezar un nido, me da para escribir una novela. Si preparásemos el nido conforme el bulto va aumentando, nos aseguramos que ese niño saldrá lleno de fuerza, no de un equipaje negativo. A la larga, esos niños dejarán sus estudios a medias, desarrollarán adicciones, no tendrán metas en sus vidas o éstas por mínimas que sean le parecerá un mundo. Y hablo mucho de los estudios no por la categoría de la carrera en sí, sino porque esa carrera le abrirá la mente, le proporciona conocimientos, saber estar, autoestima.

Quizás suene muy tremendo y atrevido lo que digo, pero ayudaría a tantos niños, a cuyas madres se les ha ido de las manos. Las madres tenemos que ser conscientes de que no estamos aquí para entregarnos a la comida, a la limpieza, a la casa, estamos en algo muy especial que de entrada nos recompensa con el poder de dar vida a unos seres, que después ya no serán nuestros. Siempre serán nuestros niños, nuestros hijos, pero tarde o temprano abandonarán el nido para construir el suyo propio con las herramientas y pajas que le hemos proporcionado día a día en el seno familiar. Mi manera de pensar ha cambiado y gracias a mis hijos soy a día de hoy una persona mejor.

La responsabilidad de tener unos niños es facilitarles cosas cotidianas, es nuestra obligación. No se trata de regalarles nada, pero se lo tenemos que dar de tal manera y en un envoltorio con capa de plástico transparente para que no rechacen la vida dura, que es estudiar, trabajar, levantarse por las mañanas, comprometerse con su trabajo, ganarse el pan, disfrutar de lo que tiene. Estas buenas costumbres las tienen que ver en el ambiente que se respira entre las cuatro paredes de su casa, en el ejemplo que transmiten sus padres. En cómo se relacionan entre ellos y con los niños: si es por impulso, costumbre, o es por amor. Tengo la gran suerte de escuchar de las bocas de mis hijos que les he enseñado a amar. A vivir y a amar. Si una persona no ama, no vive. Amar el trabajo, amar su casa, amar a lo que se dedican. Hay que educarlos y en su momento. Con paciencia, sin correr. Enseñarles las cosas bien, repetirlas si hace falta para que luego ellos lo practiquen hasta que salgan sus rasgos.

Lo único que pido a la persona que está leyendo este libro, este contenido que estoy poniendo en firme y es la gestación, es que se fije en lo que no hizo bien para remediarlo mientras está a tiempo. Nos pensamos que podemos meter debajo del felpudo polvo que desprende la memoria cuando se estalla con la culpabilidad y el remordimiento. Si alguien tiene recuerdos o fantasmas pesarosos, todavía está a tiempo de comprender a sus hijos y acercarse a ellos. O al menos tener la valentía que tuvo mi madre, de decírmelo. Si no fuera por el coraje de mi madre de reconocer y contármelo, a estas horas sería una mujer depresiva y sin calidad de vida. Una vez más tengo que darle las gracias a mi madre por decirme la verdad y reconocer sus circunstancias porque la entendí y la perdoné. Me dijo que me quería con locura, a pesar de todo. Ha calmado lo turbio. Lo bueno de esto, me ha enseñado a darle más a mis hijos y ser abierta con ellos.

Si nos diésemos cuenta de las emociones que captan los fetos y los niños, no diríamos ni la mitad de cosas que soltamos sin conocimiento en caliente cuando la boca se abre para echar una vomitona de pequeños cuchillos que se van clavando en quien esté delante. Son una esponja absorbente y nosotros sus referentes. Absorberán en la misma medida que escucharán luego nos preguntaremos sorprendidos qué *"de dónde ha sacado el niño este carácter; como entiende el niño de estas cosas, porque de mi boca no ha oído decirlo".* No nos damos cuenta, pero ellos sí, porque les sobra lo que a nosotros nos falta: sensibilidad e inocencia y tacto al decir las cosas. Su filtro es muy sensible aún y no saben canalizar los enfados en los adultos.

Se asustan, se cohíben con nuestras reacciones. Si una madre se examina y se da cuenta que no ha conectado con la maternidad, puede hacer todavía mucho más y contárselo a su hijo, hacérselo saber. Le va a entrar mucha paz y calma a la criatura que tenga delante y a ella. La criatura entenderá porqué de esos momentos malos, y normalizará que todos los seres humanos tenemos días peores. Crecerá siendo más flexible y tomando buenas decisiones. Nadie podemos aguantar un bombardeo de emociones sin gestionar o sin ordenar.

Siento que el libro no es un dulce para acompañar un café o es floritero, pero no es precisamente amargo. Depende de la dulzura con la que se lea. Depende de los ojos de quien lo tenga delante y tenga dentro de sí un alma que no juzga, abierta a la vida, alegre y curtida que le ayudará a captar el mensaje de inmediato.

Llegó un momento en mi vida donde tuve claro que no me dan duros por pesetas. No puedo pedir disculpas ni perdón porque lo que estoy diciendo es justo y honesto. Es mi realidad y no distorsiono nada. Es mi vida en letra. Ni es mejor, ni es peor que otras historias, pero esta historia me pertenece a mí. Cada uno somos singular a nuestra manera. Absolutamente todas las historias son válidas y dignas de contar.

Tenemos que luchar por nuestra autenticidad desde el respeto que nos tenemos a nosotros mismos. Si somos claros, transparentes, con unos valores definidos nos ganaremos el respeto de los que nos rodean. Y lo más importante de todo: no olvides de dónde vienes, y a dónde vas. Marca tus pasos con firmeza y si te resbalas, permítelo. No te culpes ni te castigues (de esta parte se encargan terceras personas que no aportan nada bueno a la vida). Aprende. La vida no es llana ni simple. Es bonita, son obstáculos, es una relación de pérdidas y ganancias donde no sabemos qué pesa más hasta que nos damos cuenta que el peso es nuestra forma de pensar y ver el mundo. Aun así, merece vivirla. Como seres humanos nos equivocamos porque la perfección no existe. Como seres racionales, sentimentales y experimentales, no tenemos el poder de retroceder, aunque una manera de hacerlo es mediante la conciencia profunda. Saber llegar hasta a ella es muy amargo, pero es un imperativo de la vida.

Reconocer es un acto liberador y bondadoso, sin olvidarnos de afrontar las consecuencias. Confiar en el tiempo y en nuestra intuición es un regalo que nos hace la vida. El tiempo, y es saber universal, pone las cosas y las personas en su sitio, lo malo es cuando tienes que recordarle a una persona su sitio en tu vida. La vida, si sabemos interpretarla un poco, lejos de ser grandes filósofos, es sabia. En nosotros está recoger el fruto, sacarle la semilla y la prosperidad.

Podemos llamarla destino, pero es muy abstracto o confuso. Podemos llamarla espiritualidad, pero ¿cuál es la apariencia física de la espiritualidad que todos reclaman? La espiritualidad es algo más profundo y se cobija en la esperanza y en la fe. La Santísima Trinidad tiene tres componentes: el Padre, el Hijo y el Espíritu Santo.

Así que por la fe que me ha sido concedida:

Amén. Vivan, disfruten. Amen.

CAPÍTULO VII

RIADA

Toca adentramos en el mundo de los sueños y sus interpretaciones. Recuerdo sufrir continuas pesadillas que me torturaban e interrumpían mi sueño cuando aún podía contar mis años con los dedos de la mano. En ocasiones podía dormir abrazada a una de mis primas cuando pasaba algunas noches en mi casa, cosa que me alegraba porque no estaba tan sola arropada por el espantoso manto nocturno. Al no sentirme sola mis miedos perdían fuerza. El tema de las pesadillas era siempre el mismo. Invasiones de olas gigantescas que me atrapaban. Me impedían respirar y me veía a mí misma ahogándome mientras luchaba por salvarme de las garras del agua que me arrastraban.

Me desvelaba preocupadísima porque el sueño era muy real. Un despertar brusco y confuso me hizo tomar una bocanada de aire y llenar los pulmones desesperadamente. ¿Ha pasado de verdad? Unas veces el agua era clara y cristalina, otras veces el oleaje presentaba un extraño color arcilloso, sucio, mezclado con vidrio verdoso. Aquellos despertares inquietantes y la forma en la que me alteraba no parecían preocupar mucho a mi madre o no supo identificarlo a pesar de estar al tanto de lo que me pasaba. Con los años acabé desarrollando varias fobias: miedo a la noche y a la oscuridad, al agua y a las inclemencias del tiempo.

¿Por qué se repetían esos sueños?

Experimentaba esta emoción que puedo describir como dolorosamente hueca donde latía con fuerza un eco montañoso ensordecedor que me estresaba.

Emoción arrancada furiosamente.

Volviendo al momento posterior a aquel desvelo temeroso me dirigí como una flecha a la cocina donde estaba Angelita, mi salvación. Sabía que me recibiría con los brazos abiertos e intentaría tranquilizarme, mientras me susurraba palabras de consuelo. Desde pequeña llevo viviendo continuamente, cuando no pesadillas, mal cuerpo por los días nublados, lluviosos o con aguaceros. Cada vez que intento recomponerme del espantoso sentimiento que me esclaviza y me agota, tengo un muro delante que no me deja avanzar y el camino hacia la liberación parece inalcanzable. Me había sumido en mi propio sueño, o es que ... ¿ya venía ahogada del vientre de mi madre? Cuántas veces me habré formulado la misma pregunta, irónicamente para mis adentros, con la misma respuesta.

Casualmente a día de hoy en mi pequeña mesa blanca del salón, junto a otros libros y revistas de varias temáticas, tengo un manual titulado "El libro de los mil sueños". A veces, de manera orientativa lo consultaba para buscar una explicación, un significado de lo que había soñado para aclararme ya que había tenido desde sueños premonitorios, ilustrativos hasta producidos por una gran carga emocional. Quiero aconsejar en este sentido a los lectores a no huir de los sueños, de sus contenidos ni de sus interpretaciones. Por desagradables que sean, que miren bien para sus adentros y lo relacionen con un don del que sentirse orgullosos, sacándole el máximo provecho de cara a no guardarse nada para ellos mismos, sino que sean inteligentes y busquen un sentido a lo soñado. Frecuentemente algunos sueños, sin darnos cuenta nos sumergen en lo que más tememos, o nos hace revivir lo que más amamos. Suena contradictorio, sueño asegurado.

Sabía que los sueños que tienden a repetirse transmiten una profecía o nos advierten de que algo está pronto a suceder. En resumen, sabía cómo encasillar cada sueño bajo una etiqueta por el mensaje que me transmitían. Se estima la duración de un sueño desde sólo unos pocos segundos hasta cerca de una hora de duración y puede darse entre tres y seis veces cada noche. Lo más probable es que al día siguiente no recordemos con total exactitud lo que soñamos.

Años más tarde, seguía en el mismo punto. Sin poder trepar el muro que me impedía ver las cosas con serenidad. El muro, esta vez alzado a mis espaldas, era una carga muy pesada para mí y me hundía. No me dejaba hacer vida tranquila. Me sentía atrapada en un bucle donde me envenenaba una energía oscura que traía siempre las nubes bajas, la niebla espesa, la lluvia y los días grises.

A las seis y media de la mañana en las noticias hubo un aviso por fuertes lluvias a lo largo del día, pero no se ha vuelto a decir nada al respecto en todo el día. Con oír esa noticia ya empecé el día muy triste, con la boca del estómago estrangulada. Era un día como otro cualquiera e iba de compras del campo donde vivía a la ciudad observando el color del cielo. Un gris enfadado se extendía por el horizonte. Las inclemencias del tiempo han captado el miedo en mi rostro y me han punzado a traición la boca del estómago. Presentía algo malo. Como de costumbre pensaba en lo peor. Pasé una mañana muy intranquila. Estaba nerviosa y triste. Sentí lástima por mí misma y me acabó dando mucha rabia. Había desperdiciado tiempo de mi día en alimentar y engrandecer ese pensamiento intrusivo que no era capaz de quitarme de la cabeza.

"*—Qué tontería; que pérdida de tiempo. No volveré hacerlo.* —pensé negando por lo bajo hablándome muy seriamente a mí misma.

Nada más llegar a casa y quitarme el abrigo después de dejar la compra en la encimera de la cocina, fui subiendo las escaleras hasta la terraza de mi casa. Alcé la cabeza mirando al cielo turbio y vengativo para desafiarle furiosa. Juré no volver a dejarme llevar por una suposición fruto del miedo instaurado en mi mente. Juré con coraje a Dios que sería más fuerte que ese miedo mientras mis manos estaban fuertemente entrelazadas sellando el pacto con Dios y conmigo misma. La inmensidad del vacío que sentía por dentro era más grande y profunda que la inundación que se cernía sobre la historia de Badajoz.

¿Os cuento que ocurrió horas más tarde?

Aquellas pesadillas relacionadas con el agua tuvieron una fuerte confrontación con la realidad. Tuve que enfrentarme en primera persona a un auténtico desastre natural de grandes proporciones que marcaría un trágico desenlace en la ciudad. A pesar de los avisos por fuertes lluvias y tormentas, nadie pudo prever el desastre que llegó de pronto cogiendo a todos totalmente desprevenidos. Llevaba años maltratada por esos inquietantes sueños. Tanto que, a la hora del impacto contra mi casa, no tuve miedo.

Ocurrió que, el principio del mes de noviembre del año 1997 trajo consigo abundantes lluvias. Concretamente los días cinco y seis, se produjo un intenso proceso de ciclogénesis explosiva en una borrasca. Los cauces de los arroyos Calamón y Matamoros comenzaron a crecer hasta alcanzar los tres metros de altura. El punto más violento estaba próximo a suceder. Un monstruo hecho de agua, barro y lo que arrastraba a su paso, se cobró la vida de veintiuna víctimas y varias personas han desaparecido.

La mezcla de avalancha de agua y barro golpeó brutalmente las viviendas. La riada entró en los hogares derribando puertas. La fuerza del agua sacaba muebles y enseres mientras los habitantes luchaban por sus vidas intentando huir o buscando un refugio seguro. Los vehículos aparcados en la calle se empotraban contra las casas. Esa riada se componía de todos los elementos que sembraron pánico y miedo en mis despertares largos años: truenos, rayos, lluvia abundante, cielo tormentoso. Todo era lúgubre a mi alrededor y me ensordecían fuertes ráfagas de viento que marcaban la dirección y la intensidad de la lluvia.

Mira las casualidades de la vida. Todas las tardes mi exmarido y yo tomábamos el café con mis padres, después cada cual seguía con sus tareas. Vivíamos los cuatro en el campo, separados por una valla. Ese día mi ex marido se empeñó tanto en insistir una y otra vez a mis padres que pasen la tarde en nuestra casa, que hasta me parecía pesado. No paraba de insistir en que mis padres estuvieran con nosotros y ellos tras dudarlo cedieron y vinieron. Menos mal. Si no fuera por esas insistencias no quiero pensar en las consecuencias. Su casa era de una sola planta (la mía de dos) y se hubiera inundado en un abrir cerrar de ojos sin poder hacer nada ni estar con ellos. Podría haberles sucedido lo peor. Eso queda marcado de por vida.

Los cuatro refugiados en casa presenciamos un intenso silencio. No sabíamos qué estaba pasando. Ese silencio, segundos más tarde estaba rugiendo como si nos fuera a dar caza. Se acercaba una ola que arrastró todo a su paso y en la oscuridad de sus aguas. Ha cobrado voz propia y chillaba destrozando casas, vidas, sentimientos sembrando pánico y destrucción. El grito explosivo del agua derrumbó las puertas de mi casa que cedieron bajo la presión de aquel monstruo. Lo sorprendente fue que en un intervalo muy corto de tiempo el agua ya pasaba por encima de las rodillas. Pasamos del salón a la primera planta. Sin éxito. Allí no estábamos a salvo, el agua nos alcanzó y la primera planta acabó totalmente inundada.

Antes de entrar en el dormitorio, única vía de escape, no hubo ni un llanto, ni un grito, ni una lamentación y eso que mi madre era hipertensa. Nos asombramos, evidentemente, pero no nos dejamos llevar por el susto ni por el pánico. Agradecí los rayos que con la misma rapidez que desaparecen, iluminaban la casa pudiendo ver a nuestro alrededor hacia dónde nos movíamos. En un halo de luz frágil se me apareció reflejada la Virgen de Fátima con su manto azul. Me sentí segura y sin miedo en esos momentos. Mi propia razón me habló y agradecí hasta el ruido del viento como compañero, como una víctima más de la riada.

Seguíamos buscando un sitio alto donde refugiarnos. Nos subimos a la cama y el agua no tardó en alcanzarnos, alzándonos hasta el techo. Tuvimos que agarrarnos a un armario empotrado voluminoso que el agua arrancó de su sitio para flotar. En un abrir y cerrar de ojos la segunda planta del grandioso chalet estaría ahogada. Debajo de nuestros pies teníamos el colchón. Mi madre me dijo, para romper el hielo, que tenía ganas de orinar. Así con un poco de humor se nos haría más llevadero ese trágico momento. Le pedí que por favor no lo hiciera encima de la cama, que ya íbamos bien de líquidos en sólo una tarde.

El reloj marcaba cerca de las 22:00 horas de la noche. Hasta el siguiente día, rezamos los cuatro el rosario por primera vez juntos. Así pasamos la noche, hasta las seis de la mañana del día siguiente. Con frío en los huesos y sumergidos en agua hasta el cuello. ¿Cuántos Ave María y Padre

Nuestro caben en ocho horas de rosario si una sola vuelta se hace en quince minutos? El rosario es mi talismán. Tampoco es que se pudiera hacer gran cosa para matar el tiempo. Las comunicaciones habían caído, la situación

imposibilitaba el desplazamiento de bomberos y policías para rescatarnos. Cuando llegaron al fin, estaba todo perdido. Todo nuestro trabajo y sacrificio de tantos años se ha ahogado. Paredes sucias, muebles arrancados, puertas derrumbadas, mobiliario destrozado, objetos perdidos. Almas rotas. La mía por lo menos, o parte de ella esa noche se ahogó en su propia pena más que en toda el agua que había, que no era poca.

Nadie lo sabía, pero muchos años antes del incidente, rezaba el rosario sola a escondidas, pero estoy convencida de que mi ex marido lo sabía. Para mí, la Virgen era como una madre espiritual que me llenaba el alma de fe y bondad. Pensé que si mi madre se enteraba de mi devoción e interés por la Virgen se entristecería porque nuestro vínculo era leal.

Mi marido sabía todo acerca de mí. O ... quizás se le había escapado que yo le quería más de lo que él creía sin embargo es demasiado tarde para remover los cimientos. No se puede hacer más de lo que se ha hecho, no se puede hablar de lo que se ha hablado hasta el momento. Lo cierto es que mi ex marido puede tener un punto de vista distinto y dar su opinión, dejando el final abierto hasta la entrega del próximo libro.

Conmigo hay que hablar y no suponer. En caso de suposición, una persona puede estar muy equivocada conmigo porque siempre he dado una imagen distinta de lo que sentía y me remito porque en el libro lo he mencionado varias veces. Aparentaba ser feliz de cara a los demás mientras que por dentro sufría, esclava de mi silencio e inseguridades.

IMPORTANCIA DEL ORIGEN

Si alguien se encuentra con las líneas de mis memorias escritas delante, a estas alturas y tras recapacitar quiero que capte un mensaje fundamental y preste mucha atención. Con los cinco sentidos puestos en la tarea, a este apartado enfocado a la importancia de si una persona no está segura de querer tener o no hijos y formar una familia consulte enseguida con un médico ginecólogo o un profesional y tome las precauciones necesarias para evitar un embarazo no deseado.

Hablo con conocimiento de causa. Mis memorias empiezan por la gestación porque creo que es importante que se vea de donde viene el problema. El fracaso escolar no llegó sin más. Fue resultado de fuertes emociones de confusión y tristeza mezcladas con miedos que me han impedido hacer un examen. El dolor de estómago no tardaba en aparecer para empeorar mi estado de ánimo al no estar cerca de mi madre. El origen, como sabemos, empieza desde dentro cuando una madre miedosa e insegura se guía por un pensamiento terriblemente intrusivo, sufrido desde el silencio. Descargaba la rabia del miedo a enfrentarse a otro parto sobre mí, castigándome fuertemente.

Un embarazo no deseado puede sumir a una mujer en una confusa tristeza vacía haciéndole cargar con el peso de una cruz a sus espaldas que podría haber evitado perfectamente usando métodos adecuados y seguros. Déjame decirte que un embarazo no es precisamente una cruz, por lo que no hay que rechazarlo. Quiero quedar escrito en este libro emocional y personal que un embarazo es muchísimo más amplio y alegre. Viene cargado de ilusión y optimismo. Tenemos en nuestras manos el poder de dar vida y nuestro vientre es el portador. El embarazo consiste en una preparación consciente para recibir y abrazar la maternidad. Que la criatura que está dentro sienta la tranquilidad de que es bien recibida.

Rechazar un embarazo es una crueldad, desde mi opinión. Hay que ser consecuente y coherente en relación a lo que deseamos de la vida. Partimos de un conocimiento universal y básico donde las personas lo que tenemos es consciencia por lo tanto tenemos la capacidad razonable suficiente para distinguir entre lo que está bien y lo que está mal. Y en función de la decisión que se haya tomado tenemos que afrontar las consecuencias. Lo digo para que las personas que están en duda recapaciten y piensen muy bien para evitar que llegue el día que no lo puedan disfrutar por lo que han hecho mal porque los recuerdos pesan.

Yo escribo, oigo, observo muchas cosas. Desde el exterior me llegan versiones y pensamientos hablados de remordimiento y culpa extrema, que mata la tranquilidad y florecen de madres que saben que han abandonado a sus hijos dentro de su propio vientre, vendiéndolos a la negatividad y desilusión. Pobre criatura. El arrepentimiento crece en esas madres que saben que han sido injustas con sus embarazos y después han desaprovechado la oportunidad de corregir ese error y simplemente sincerarse con sus hijos.

Personalmente cuando tuve la oportunidad de aclarar las cosas con mi madre, no lo dudé y le planté cara. Una persona importante para mí me avisó hace años de que todo lo que sufría y sentía era por algo cuya respuesta y liberación estaban en manos de mi madre. Me dijo que hablara antes de que fuera demasiado tarde porque después, cuando ya no se pudiera hacer nada, la pena me hubiera consumido llevándome a la depresión.

Mi madre acabó contándome la hazaña relacionada su embarazo. Me dijo toda la verdad. No sabía qué hacer ni dónde meterme. Parecía hundirme en el suelo. Me explicó el por qué de su miedo, de sus inseguridades, lo que le provocó el parto de mi hermana, lo mal que lo había pasado. Tuvo profundo miedo a otro parto y rechazó el embarazo, haciéndome mucho daño en el vientre. Pensaba que conmigo pasaría exactamente lo mismo, pero se equivocó. Estaba arrepentida y lo expresó. Fue muy duro oír toda la historia, pero sí debo reconocer que me puse muy contenta. Ya estaba dándome explicación a sensaciones extremadamente tristes que había vivido, y pesaban más que una conciencia intranquila.

Sabía de dónde venían, cuál era su origen y el impacto que ejercían sobre mí. A partir de ese momento empecé a informarme y documentarme sobre lo que siente un feto y logré descifrar la dimensión de la situación. Entonces mi madre comprendió mi imperiosa necesidad de aclarar este episodio de mi vida con ella para romper con la tristeza que manchaba mis sentimientos y me dio la razón. Tenía que saber por qué sentía tanta tristeza y pena la mayor parte del tiempo. Sentía una sensación muy extraña como si alguien me estuviera persiguiendo constantemente. Estaba siempre alerta y me asustaba de mi propia sombra. No estaba tranquila en ninguna parte, ni en mi propia casa delante del espejo lavándome la cara.

No me afectó tanto lo que me estaba comentando mi madre en nuestra conversación, porque ya había deducido algo de antemano. Estaba ayudándome a darle salida e interpretar las sensaciones y aprender a orientarlas para gestionarlas. Y pienso y digo que es una gran suerte mi experiencia y entrega religiosa. Mi creencia y aferrarme a la fe que parece acompañarme desde que he nacido. Mi fe me ha hecho amortiguar la tristeza, rezando, yendo al templo y orando en silencio pensando que es lo más grande que hay.

La empatía nace conmigo porque lo que quiero es que me quieran. Yo no quiero gustar, no quiero papeles de por medio. Quiero que cuando alguien me abrace lo haga siendo fiel a esa intención. He salido tan sensible que, si recibo un abrazo de cumplido, falso, lo identifico inmediatamente porque le falta cariño y no hay reciprocidad, barrera que me impide conectar emocionalmente con la persona que tengo delante. Soy una profesional identificando este tipo de conductas y el propósito de los gestos que sugieren acercamiento.

Esto es lo que quiero transmitir de la gestación y hoy tengo que decir que estas memorias las tengo superadas. Los recuerdos han sanado y traerlos a la mente ya no llegan a lomos del dolor desde el recuerdo para propinarle una rebelde coz al estómago fragmentándolo.

A los lectores les digo que, si viven unas emociones molestas, huir es el camino más largo y pesaroso por lo que es mejor que aprendan a canalizarlas bien, no para confundir ni tener odio a sus padres o proyectar en ningún caso rencor sobre ellos. Entender que esos padres han actuado en base a lo que sentían en ese momento. Todos somos humanos y nos equivocamos. Yo he sido capaz de comprender a mi madre y su forma de actuar dadas las circunstancias hasta lo máximo, pero primero, tengo que batirme con ella en duelo y es lo que deben de hacer muchas personas sobre todo a día de hoy, que tienen viva a su madre.

Aprovechar y hablarle claro. No en forma de una riña, sino para entender que cuando se dan unas conversaciones seguidas de aclaraciones fuertes, tienen que resultar en romper una emoción, que no la relación. Nunca es tarde. Con mi madre lo hice muchísimos años después cuando ya sabía lo que era ser madre porque mis hijos eran grandes. Pero para limpiarme bien, armonizar los sentimientos y no quedar restos, me atreví a llevar a mis padres a la iglesia. A ese refugio seguro para decirles que los perdono en ese lugar sagrado de paz inmensa. Mantuve latente la esperanza del perdón puro, que florece del rincón de un alma dispuesta a seguir queriendo y creyendo en la bondad.

Ojo, lo que estoy diciendo no es para rebelarse con la madre ni para echarle cosas en cara. Aunque en una conversación sí, hay que ser tajante, pero con una idea. No con la idea de una ruptura, no enfadarse, ni separarse. No porque tuviera una simbiosis con ella no le planté cara mucho antes, ya que la simbiosis se dio en el momento de nacer, pero fue importante no romper el vínculo con ella, sino quedar bien conectados y atar los cabos. Así las aclaraciones y las emociones sirvan para todavía acercar más a las personas con puntos de vista enfrentados. Porque si una conversación separa a dos personas, pues es que seguramente tan unidas no estarían.

También debo reflejar que, si me han pasado cosas que no me han gustado, es porque lo he consentido sin saber que acabarían minando mi autoestima y personalidad, pero así aprendí a valerme, respetarme y defenderme. Quizás no tendría que haberlo hecho, pero es fundamental ver las dos caras de la moneda y reconocer que la culpa no se puede cargar sin responsabilidad a otra persona y culparla por algo cuando si era persona considera no haber actuado mal. Hablo siempre con conocimiento de causa y desde la experiencia, porque las palabras tienen un peso mayor del que nos pensamos y pueden tocar la tecla de una vieja herida emocional sin sanar, haciéndole brotar sangre.

Todo en mi vida, tiene una consecuencia, un por qué. Me he dedicado tiempo para controlar mi volumen, no llegar hasta el llanto que me arrancaba lágrimas y las coleccionaba en frascos. He sufrido, las emociones me han revolucionado más de la cuenta. Actué e impedí que me gobernaran porque no quería cambiar la mujer en la que me había convertido. Tengo ahora la suerte por decirlo entre comillas que, al vivir sola, como muchas otras personas hace que, si se llora, si se grita, si una fuerte emoción explota, nadie lo ve.

CAPÍTULO VIII

SEPARACIÓN

La vida son instantes. Fragmentos que le robamos al tiempo, jugando a los ladrones, sin poder atrapar, aunque sea uno.

Unos momentos son buenos, unos malos y otros crueles que separan sin piedad.

Cuando te separas del amor de tu vida, estás más cerca que nunca del abismo de un precipicio que esconde soledad y un vacío rabioso va lanzando latigazos al aire. Las grietas resecas sangran añoro por la felicidad de los años compartidos con la persona amada. Para volver a ese punto, a revivir esa felicidad solo hay que recordar y aprovecharse, estirar las memorias mientras ésta no nos falle.

El giro de los acontecimientos ha arrancado las cosas de sitio y había que nivelar de nuevo un terreno de arenas movedizas para no resbalar donde no se debe. Duele no tener a esa persona cerca. No se puede reemplazar al amor. Duele el amor cuando aún estando vivo me lo han arrancado a sangre fría. La soledad deja un vacío imposible de llenar, te deja sin aliento y atesta un puñal en tu estómago, en tus memorias. El vacío deambula sin desconsuelo de un lado a otro buscando cobijo, removiendo. Quiere volver al pasado.

¿La causa de la separación? Pues podrían ser muchas o que ciertos factores intervinieran, pero no hubo problema aparente. No obstante, en una relación de pareja cuando uno decide separarse hay que respetarlo. Por mi parte y sin pensarlo facilité el trámite, firmando todos los papeles. Es más, a partir de ahí decidí vivir sola. De lo estaba segura era de que, a pesar de amarnos, no nos pertenecíamos. Nunca pensé en términos de posesión. De ahí que no me sintiera desplazada ni menos querida tras la separación, ya que mi autoestima resultó intacta. Las circunstancias amistosas de nuestra separación hicieron que fuera más fácil de asimilar y aceptar. No iba a consentir echar por tierra los buenos años de matrimonio por una separación.

Aún recuerdo sus palabras textuales cuando me dijo que tenía que hablar una cosa conmigo mientras la tierra me tragaba por los pies:

"–No puedo seguir contigo porque no me aguanto ni yo. Estoy en un mal momento y no quiero destrozar ni un instante de lo que hemos vivido."

Fue un parón inmenso que rompió sin crueldad mi vida. Después de separarnos me tocó conocer la semilla de los pensamientos negativos más profundos, pero los combatí enseguida y di comienzo a una nueva etapa de mi vida: hablar. Una mañana de soltería me desperté con energías y muchas ganas de hablar, de reunir mis fuerzas y mi verdad para defender la separación y seguir adelante.

Esa mañana en concreto me la pasé rezando el rosario porque había pasado una noche muy mala donde los recuerdos y la ausencia me quitaron el sueño. Total, no había nada que ocultar, pero sí bocas entrometidas por callar porque a la gente le dio por hablar y poner en duda nuestra fidelidad y lealtad como matrimonio. Fue una separación amistosa donde no hubo ni una traba, ni un reproche, ni un mal gesto, ni una mala palabra. Me tomaron por loca al justificar y estar de acuerdo con la postura de mi exmarido y poner de mi parte. No era mi intención, pero me reía maliciosamente en la cara de las personas que lo dudaban formulándoles la siguiente pregunta ¿y tú has conocido el amor? Y si es que no, claramente no sabían a lo que me refería. Me casé con la misma indiferencia de la gente con la que me separé.

Defendí con orgullo haber conocido y vivido muy plenamente un amor verdadero, correspondido. Me llenaba de vida y orgullo al hacerlo. He sufrido mucho cuando me he separado porque no quería la separación, pero tenía que respetarla; que es lo que hay que hacer cuando ves que una persona demanda distancia, no te puedes quedar ahí o desplumar la gallina para partirla a la mitad y tener a todos contentos con el buen reparto que se ha hecho. Hay que facilitarle todo.

Ser leal es reconocer la incapacidad de seguir con una relación antes de empeorar las cosas y fue lo que hizo él: dar el paso con madurez y tuvo el coraje de mirarme a los ojos y reconocerlo. Con la misma buena vibra dimos la noticia a mis padres y a mis hijos. Nada de ir por detrás, esconder, tergiversar las cosas, contar las cosas a medias o decirlo en forma de secretitos. Ser fiel es cumplir tu palabra, ser fiel a tus principios, a tus valores, y actuar guiado por tus pensamientos y sentimientos teniendo en cuenta también la circunstancias de los demás sin pasar por alto el daño que se podría causar si se actuara egoístamente y pensar que, al tener la vida ya hecha, ¿para qué separarse? Él no iba a mantener una persona a su lado por capricho si sabe perfectamente que no está en disposición de darlo todo y agradecí su sinceridad.

De haber ido en contra de sus principios morales no habríamos hecho más que perder el tiempo y los recursos, haciéndonos sufrir y llevar al deterioro una relación muy unida, perdiendo calidad y realmente no había necesidad de desperdiciar de aquella manera rastrera todo lo que habíamos construido como matrimonio.

Así que antes que recurrir al engaño o entorpecer la relación lo que hizo fue sincerarse conmigo. Aunque para mí fue uno de los peores momentos de mi vida, me sentí muy reforzada, no me ha dañado y acepté mi destino de inmediato porque nunca hubo sorpresa ninguna con mi exmarido, y para mal menos todavía. De hecho, con diecisiete años y enamorada de él quiso separarse de mí cuando pasó por una tuberculosis. Era tal su capacidad de cortar las cosas de raíz. Bueno, cortar no, arrancar. Así procedió con sus sentimientos. Años más tarde padeció una fiebre que le dejó muy frágil tras la hospitalización y todas las pruebas médicas a las que se vio sometido. Ahí una vez más intentó apartarme de la misma manera porque según él no quería una enfermera a su lado. Sus medicinas favoritas venían siendo mantenerme alejada de él, sin darle más vueltas.

Eso no ha quedado en el olvido, las personas no somos tontas y nos acordamos de todo. Aun así, a día de hoy lo llamaría cobarde por haber puesto el parche antes de haber herida. Se ha perdido a una Sandra que la estoy descubriendo yo incluso a día de hoy. Huyó y reprimió sus sentimientos, los condenó sin darse cuenta que se había sentenciado a sí mismo hacer de juez y emitir veredictos.

1

¿Qué hice después de la separación? Obviamente los primeros momentos lloré. Lloré mucho y me entregué a ese llanto como si le debiera algo o estuviera realizando un ritual donde entregaba mis lágrimas como ofrenda a Dioses que no son los míos. Hasta que se me hincharon los párpados y tenía los ojos inyectados en lágrimas. La tristeza coleccionaba mis lágrimas. Me consumía que no estuviera físicamente conmigo, pero espiritualmente me ha llenado el alma. Tras varios días tuve que cambiar el rumbo. No podía seguir igual. En vez de quedarme tirada en el sofá porque el dolor me impedía levantarme y avanzar, y era lo que el cuerpo me pedía, me alzaba animada y lo hacía por mis hijos. Que ellos me vieran bien y luego me sirvió para darme cuenta de lo fuerte que fui.

Tenía dos opciones: quedarme en la casa del campo, como estaba o dar un buen cambio en la partida de ajedrez. En mi mente visualicé un tablero de ajedrez donde había que elaborar una estrategia en la partida para llegar hasta el rey. Atenderlo y cuidarlo, para que cuando yo llorara (que sabía que iba a llorar) me sintiera tranquila con mi conciencia de que yo a él no le había hecho daño. En todo caso se puede decir que el que ha movido la ficha para decir la verdad y separarse de mi ha sido él. Pero yo quería atender a ese rey que me ha dado tantos momentos extraordinarios y no olvidarlos. No olvidar las palabras que me decía. Me ha visto convertirme de niña en su mujer y luego en madre de sus hijos llenándome de satisfacción los años. Decidimos que el se quedaba en el campo.

Para mi exmarido el campo fue tan importante que para mí se transformó en un santuario. Ese sanatorio me quitó los miedos, me liberó, viví bajo la bóveda de estrellas y en armonía con la naturaleza; me hizo ver una parte tan bonita de la vida como si estuviera constantemente de vacaciones. Hay que reconocer que vivir en el campo conlleva ciertos lujos y tranquilidad. Él más que nadie se lo merecía y estaba más preparado que yo para hacer frente al mantenimiento que conlleva conservar la casa, los jardines, los animales, el terreno, etc. Inteligentemente hice lo que tenía que hacer para que él se quedara con el campo. Yo me busqué una casa de alquiler.

Mi ex marido, desde que lo conocí se propuso ganar bien, generar ciertos ingresos y lo consiguió. No era arquitecto, ni abogado, ni médico. No tenía formación universitaria, sino que era todo un profesional nato comprometido con su trabajo y eso es lo que más dinero vale. Tuvo habilidades que supo aprovechar para dedicarse a lo que sabía que le haría ganar dinero. Era muy trabajador y supo colocarse en la vida laboral con categoría. Era el mejor comercial de electrodomésticos en toda la zona de Extremadura, empezando por Badajoz llevando sus ventas hasta pueblos y zonas rurales de Cáceres. Hubo casas sin instalación o pozo de agua para el suministro diario, pero en ese hogar no faltaba una lavadora. Era premiado en las reuniones, valorado por sus superiores y la empresa por las ventas que realizaba con éxito. Por su forma de ser y actitud se ganaba enseguida las personas. Su trabajo requería disponibilidad para trabajar y desplazarse a varias ciudades de España.

2

Tras hacer un buen reparto de mutuo acuerdo pensando el uno en el otro, me fui a vivir en una casa que alquilé al día siguiente, en una de las calles del Casco Antiguo, no sin antes regatear el precio del alquiler que pagaría mensualmente. Vamos, actúe de inmediato con una eficiencia y desenvoltura característica de una mujer firme que dejó con la boca abierta a mi familia. Conforme veía que iba acercándose el momento de vivir en otra casa me tenía que sujetar el estómago que parecía querer desprenderse de mi cuerpo o lo fuera a perder en cualquier momento.

No sé en lo que él estaría pensando en ese momento al verme más independiente y autónoma que nunca. Estoy a tiempo de preguntárselo estando en este momento del libro. Para mí es importante que me diga qué pensó. Simplemente me gustan las cosas en su momento y en su sitio, para saber si es bueno o malo y encasillarlo. Yo personalmente sí sé lo que pienso de las cosas y las personas. Sé de dónde vienen mis palabras, de dónde proceden, quién es el destinatario y sé perfectamente lo que estoy pensando antes de hablar.

Noté muchísimo su ausencia, pero estaba muy bien resguardada y acompañada por mis hijos, incluido sus parejas, mi hermana y principalmente por mis padres. Apenas tenía tiempo para alimentar el dolor. Mis hijos se han encargado de ponerme fácil el camino hacia la superación. He tenido mucha suerte. Y si lo han hecho es porque se les ha respetado de antes, se le han oído y siempre se le ha tratado con mirada de acogida amor y paciencia. Nunca se han sentido vulnerados por una mirada o gesto fuera de contexto.

Cuando me mudé, mi hija se vino a vivir conmigo y se negó a que yo hiciera de ama de casa. Impuso sus condiciones y yo lo acepté de inmediato, me pareció muy buena idea: seríamos compañeras de piso. Ella sabía lo que estaba diciendo, yo no. Su pensamiento se basaba en que, si me dejaba seguir haciendo lo mismo, echaría en falta la ausencia de mi marido, pasándolo muy mal y ella no consentiría eso. A partir de ese momento, no hice gran cosa porque ella colaboraba muchísimo. Incluso se ofreció encargase de los pedidos necesarios para casa y de hacer las compras. Nos repartimos las tareas como compañeras de piso que éramos.

¿Sabes lo satisfactorio que hubiera sido para mí pasar una tarde con mis amigas? No vi la separación con los ojos del fracaso, que llegó después en grandes proporciones.

Cuando decidí comunicar a mis amigas lo que estaba pasando en mi vida con la separación no pensé que saliera la curiosidad de ellas, el chinchorreo y la maldad por tirarme de la lengua. Me empezaron a acribillar a preguntas que hacían daño al dolor de mi dolor relacionadas con el dinero que me había quedado, si hubo otra, si yo estaba ya con otra persona, si me seguía acostando con él, si hubo problemas en la cama o con el dinero, etc. Me quedé atónita con esas preguntas y suposiciones que sus mentes estaban elaborando. Me dijeron que claro, que si nos hemos separado será porque tanto no nos queríamos. ¿Porque se tienen que enterar de cosas materiales mías, si por lo único que se tienen que preocupar es de si las necesito? ¿O no?

Ninguna dijo lo que esperaba, " *¿cómo te encuentras? ¿cómo estás? no te preocupes, ¿necesitas algo?; si estas mal, llámame; lo mismo esto se arregla.*"

Quería tomar un café con ellas, quería que me distrajeran, pero no para hablar siempre del mismo asunto. Quería que me dejaran con mi duelo y cuidar de mi dolor. Querían verme llorar y regocijarme en el dolor o estar atentas a si tenía que decir algo malo del hombre de mi vida. No iba a permitir eso. Puedo decir que fui demasiado rápida para coger el mensaje que me han transmitido de la peor manera posible. Me pareció lamentable. Estábamos tomando un café en un bar. Me levanté y las abandoné para que no siguieran fustigándome, no sin antes escupir al aire. Ese gesto es de cierre de puertas total. Y así fue. Supe, en ese mismo momento que las quedaría atrás.

Clavaron sus miradas que podía sentir en mi espalda. Me siguieron con la vista hasta perderme entre la muchedumbre calle arriba. Estuve deambulando por las calles sin mirar atrás susurrando para mis adentros: "*que fracaso tan grande*". Las mejillas me ardían de rabia. Mis ojos queriendo romper a llorar. Qué decepción. Evitaba cruzarme con personas y agradecí la brisa fresca de la tarde, que con una caricia ha renovado mi cara. No sé qué han pretendido mis amigas, pero si su intención ha sido tirarme de la lengua para después criticar, han fracasado. Me acosaron. Se han entrometido y las he tenido que dejar por el camino.

Al siguiente día seguía decepcionada. Pero no decaí. Me envalentoné y dije *"tengo que hacer algo"*. Colgué mi bolso en el hombro, me maquillé y me aventuré por la calle comercial Menacho sin saltarme ninguna tienda a buscar trabajo. No por falta de dinero sino por matar el tiempo, mantenerme activa, entretenida y engañar los pensamientos, distrayéndolos del sufrimiento que me causaba la ausencia de mi exmarido. No sé porque tenía la sensación de que no iba a conseguir un puesto, pero lo quería hacer, y dejar constancia de que la que está aquí ha salido a buscarse la vida. En alguna que otra tienda di la talla y encajaba en el perfil, pero necesitaban gente más joven y que con mi edad la seguridad social es más cara y no hay subvenciones. Durante muchos años las dependientas de las tiendas se acordaban de mí y me saludaban siempre que me veían pasar y si me paraba, me daban conversación.

Con setenta y un años puedo decir que he conseguido desde cosas muy grandes hasta muy pequeñas por mi forma de transmitir sensaciones a las personas que tengo delante a través de la mirada, un gesto, una palabra o a través del lenguaje corporal. Siempre he conseguido lo que me he propuesto porque doy vida a las cosas a través de la emoción sin mentir jamás. Para contar algo y mentir primero me pregunto si me vale la pena porque me avergüenzo. Me hace sentir tonta, me pongo roja como un tomate y me cohíbo, por haber perdido el tiempo en una mentira. Así que si me apetece hablar lo cuento y si no directamente no doy ni una explicación.

Tiempo más tarde, fui con una prima de mi ex marido a visitar La Virgen de Fátima en Portugal para rezar por una amiga que ha caído en enfermedad. La prima de mi ex marido regentaba una clínica ortopédica y tenía bastante trabajo. Durante el viaje se estaba quejando de que durante los próximos días le tocaba trabajar sin más compañeros que su única presencia y me ofrecí a ayudarla. Así estuve con ella dos años.

3

Ya iba siendo hora de que mi hija abandonara el nido. Vino a acompañarme una temporada, no a quedarse. Después nos reuníamos en casa de uno u otro para comidas familiares, celebraciones, fiestas, días señalados, como en los viejos tiempos. Concretar una quedada con mis hijos y estar todos juntos me atormentaba y hasta me pensaba dos veces si realmente quedar con ellos, sabiendo lo que me esperaría después, porque también estaría mi ex marido. Pero no podía vivir sin mi familia. Solo de pensarlo me estallaba la cabeza por que se mezclaban pensamientos perversos con sufrimiento. Las ganas de estar con mi familia me superaban. Cuando estábamos juntos quería desesperadamente y al precio que fuera encontrar el interruptor o el botón del mando que me permitiera detener el tiempo. Verlos a todos alrededor de una mesa comiendo y charlando, entre risas y conversaciones me hacía querer petrificarme de alguna manera para permanecer igual. Siempre.

De vuelta a casa, caminaba cabizbaja por las calles desiertas, como si no quisiera que me vieran y así mi dolor y yo abrazarnos sin que nos vean, y me contenía para no entregarme a las lágrimas que salían de las telarañas de mis ojos rojos. No era capaz de sostener el peso de las llaves para introducirlas en la cerradura y abrir. Nada más entrar por la puerta de mi casa y cerrarla a mis espaldas, me desplomaba en esa entrada opaca e irrespirable llorando. Me apoyaba en ella, cual protagonista de una película de desamor, aún con el bolso en la mano, deslizándome porque me habían flojeado las piernas por orden del dolor emocional cuando el estómago quería castigarme por haberlo expuesto a un estímulo que le hizo enfadar. Cuando me abrazaba el silencio incómodo del dolor, era consciente del ruido de la soledad. Me resultaba doloroso volver sola a casa al despedirme y tener que marcharme, pero el rato que pasábamos en familia compensaba mi dolor, aunque he llegado a pensar que hasta lo alimenta. Las perlas robaron mis lágrimas para hacerse un colgante bonito y lucirlo en el cuello. No sabía si era yo, o de donde procedía esa vececilla que me decía *"esto para mi no."*

Por eso me di cuenta en el momento que tenía autoestima, amor hacia mí misma, respeto hacia mis valores y según sentía, hacía. A partir del momento de la separación, no fui una muñeca, era mujer comprometida conmigo, con mi persona y tenía que buscar a partir de ese momento cosas que me dieran fuerza por dentro, porque por fuera estaba tan radiante como siempre. Era como si la separación me hubiera sentado hasta bien.

Después de cuarenta años de vivir juntos no hay nada que echarnos en cara. Ni era necesaria hacer ningún tipo de competición aun estando casados. Cuando quería montar a caballo, disfrutaba viéndole a él montar porque a mí me daba miedo. Pero no le limitaba o le impedía hacer cosas solo porque a mí me dieran miedo. Si le gustaba pasar más tiempo en la cama y no desvelarse aún, le plantaba un beso de tornillo y se volvía a quedar dormido, pero a mí no me quita de madrugar y ver el amanecer de un nuevo día.

Por eso cuando llegan a mis oídos baladas y balas oxidadas del calibre justo para hacerme poner los ojos en blanco, de *"ains, es que, en esta relación, los novios no son iguales"* me repatea muchísimo. Lo que tiene que haber sobre todas las leyes es respeto y educación. Es cierto que le gustaba la cama, y es de entender. Yo no tenía a nadie que me dijera que me levantara, y lo hacía sola. Si quería aprovechar las horas del día, tenía que hacerlo de esa manera porque lo quería todo perfecto: mi pelo, la ropa, la comida, la compra, mi ducha, etc. Para darme tiempo hacer todo lo que tuviera que hacer, me tenía que despertar temprano.

Mis hijos no me tenían por ama de casa sino por gestora del hogar. Como me administraba el tiempo, como organizaba mis tareas y me sobraba tiempo para dedicárselo a ellos, como ahorraba por un lado y por otro.

Aunque no los podía ayudar con sus tareas y era la gran pena que yo tenía, jamás les he faltado. Pero les di lo que me dijeron después, pronunciando las palabras más bonitas que una madre en la faz de la tierra pude oír. Fueron palabras de agradecimiento y reconocimiento muy dulces. Les enseñé a ser responsables, a marcar sus tiempos de juego, de recreo, de hacer los deberes, de estudiar. Me siento muy feliz. Les enseñé a romperse la cabeza, animarlos a levantar el dedito en clase cuando no entendieran algo, preguntar al profesor. Porque son los profesores los que mejor explican y antes que liarlos explicándoles las cosas desde nuestro punto de vista y entendimiento, los animo a participar y a no quedarse con la duda.

Los profesores prefieren que los niños cojan con alegría los libros, antes que sobreponer por encima de sus explicaciones, explicaciones de los padres y liar la materia o el modo que cada uno tenga de estudiar.

Me siento plenamente satisfecha, y cuando lo digo me quedo corta, de las personas en las que he convertido a mis hijos. Cuando se trasladaron a Salamanca a estudiar, sabían cómo hacer sus compras y elegir los alimentos. En casa no pretendía que hicieran nada, ni fregar la loza, ni hacer la comida, ni recoger. Bastante que estudiaban y son aplicados. Su único cometido era estar pendientes de sus cosas. Pero han visto el orden y la limpieza en casa. Los preparé y les enseñé a portarse cuando tuvieran que compartir piso o casa con sus correspondientes compañeros de vida, de piso, amigos, etc.

La primera cosa que hacía cuando me despertaba, era planchar y rezar el rosario. Ver amanecer un nuevo día, era tener la oportunidad de disfrutar de un día nuevo. No me voy a quedar escasa en un libro de emociones. Esperaba el comienzo de un nuevo día con anhelo. Sin decirlo ni pronunciarlo me daba la oportunidad de abrazar un nuevo día y a ver que me esperaba. Con setenta y un años sigo exactamente igual y tengo los días llenos. Aunque esté sola la mayor parte del día, por dentro estoy llena porque he dejado cosas para mi edad. Para esta edad hay que dejar cosas importantes que hacer y no me refiero a ver la tele, leer revistas o ver programas de chinchorreo. Hay que seguir siendo personas con ilusiones, felicidad, entusiasmo, con esperanzas. Pero personas de mi edad vacías, sedentarias y con eso la depresión llega rápido, porque una persona no puede estar vacía, tiene que encargarse de llenar su día y su interior.

Excusas hay muchas, que si ya se ha viajado, que si ya se conocen el cine, que si ya han salido todo lo que han querido, que si ya han hecho todo lo que han tenido que hacer, etc. Auténticas largas para excusar no sé el qué. Pero que una persona ¿no tenga nada que hacer porque ya lo ha hecho y lo ha visto todo? ¿Todo? En la vida hay que saber estirar los momentos, alargarlos. Esta edad no la tenía preparada ni esperaba nada. Nunca me he sentido dueña de nada ni de nadie. Cada día mi propósito era que le gustara a mi marido más que el día anterior. Los años para mí, lo digo con total sinceridad y nobleza, fueron muy felices. Esta separación no se entiende. Yo desde luego no la entiendo, pero es que él tampoco se aclara. Quien no se lo quiera creer, que no se lo crea. No es fácil resolver la incógnita o esta tiene que permanecer en el limbo sin solución. Accedí a estar con él, siendo consecuente con el dolor que traería la separación. No sabía lo que era estar sola después de la separación, pero ahora sí sé lo que es. No te puedes rebelar contra eso.

Yo me lo he currado y tengo fruto de mi matrimonio dos hijos maravillosos y el que no los vea, se los está perdiendo. Son dos seres que Dios ha puesto en el mundo. Quien los toque o los mire con maldad, le va a ir muy mal en su vida, eso lo sé yo. Desde que los tuve engendrados en mi vientre, estuve rezando para que nadie jamás les hiciera daño, que nadie los contamine, porque son dos personas excepcionales con almas nobles. De niños tenían una inteligencia emocional de la que estaba extremadamente orgullosa. Absorbieron lo mejor de la educación que le hemos ofrecido su padre y yo.

Es el gran orgullo que tengo. Con sus propios defectos, y cometiendo sus errores como todo ser humano, pero no todo ser humano sabe pedir perdón. Mis hijos, en el momento de darse cuenta de que han dicho o han hecho algo mal que ha podido molestar reaccionan rápido, nada de dejar segmentos que hagan pupa. Ellos fluyen. Saber fluir, saber salir de un entorno áspero, seco, brusco que lo que hace es contaminar, es relevante.

¿Qué quieres que te diga? Hubo una parte importante de su padre que también es así, pero es más lento de fluir. Al estar conmigo, y yo tan brava al hablar y expresar los sentimientos, pues quieras o no, las costumbres y las manías se pegan. Él a mí desde luego no me ha pegado su orgullo.

4

Esa separación, pasado un tiempo marcado con calma por ambos, produjo que al juntarnos nuevamente descubrimos que esa chispa seguía igual de viva o más. Seguía habiendo atracción. Sentía deseo por él de la misma manera que antes de la separación. Pero la relación no se retomó bajo ningún concepto. Él es una persona muy orgullosa. Si estaba dispuesto a hacer una cosa la hacía y no había vuelta atrás ni manera de subsanar o modificar lo que había hecho aun sabiendo que no acertó con esa decisión. No se perdona o no quiere reconocerlo al menos de esa manera y volver a formalizar la relación. Yo tampoco estaba dispuesta a volver. Pero seguimos siendo lo que a día de hoy se conoce como "amigo especial" y eso fue una de las cosas que más me enganchó, poder seguir disfrutando como dos verdaderos cómplices de la pasión que hacía juntar nuestros cuerpos. Programamos incluso e hicimos varios viajes juntos a lo largo de los años.

Sí debo reconocer que sentí un poquito de miedo al enfrentarme a los viajes, pero me reconfortó encontrarme con que seguía siendo el mismo hombre del que me había separado. No ha cambiado. El mismo trato, las mismas cortesías. Cómo me hablaba, cómo me miraba, cómo me besaba, cómo me acariciaba y jugaba con cada pedazo de mi piel, cómo me cuidaba. Después de la separación decidí reconstruirme aprovechando todo lo bueno que fue, todo lo bueno que me dio. Envolví con cuidado todos los años que compartí con él, sabiendo, de alguna manera, que me haría falta como el aire para respirar, como un amuleto, como un bastón en el que apoyarme cuando no estuviera.

Tras la separación, supe que me saldrían cortejos. Dicho y hecho, desde el primer día que me mudé. ¿Para qué? ¿Para tener un hombre florero al lado? Echando de menos a otra persona, me era imposible. No me interesaba. Si me hubieran hecho feliz el cortejo, obviamente hubiera seguido, pero como no fue el caso, no inicié nada. El amor no se puede romper y el mío es indestructible, por lo tanto, sigue. Desde mi separación no he estado con nadie más. He conocido gente nueva y pude haber iniciado algo, pero no quise. Después de pensarlo fríamente no tenía sentido conocer o salir con otro pretendiente. Me parecía una pérdida de tiempo. No podía engañarme a sí misma ni a otra persona porque estaba enamorada de otro hombre. Supondría jugar con los sentimientos de otra persona y no podía permitirme aquello ni hacerle daño a nadie. Ni tomarle el pelo a nadie ni usarlos para un "intento" como lo decían cuando me intentaban camelar y caer en el intento de dar un paso más para no avanzar ni llegar a nada.

No hubiéramos llegado a ningún lado. Lejos de presumir, sé que una persona se puede enamorar de mí; hay mucho amor dentro de mí porque vivo enamorada, y eso es una atracción muy fuerte. Sé que si pongo el ojo en alguien voy a acabar gustándole. Recibí muchos piropos y los aceptaba. Pero nadie me cuajaba, nadie está a la altura de mi exmarido. Altura literalmente ya que mide 1,90 metros. ¿Reflexión? Es lo que tiene cuando dejan el listón muy alto.

CAPÍTULO IX

[RE] SURGIR (VIVIR)

A través de mi mejor amiga me enteré de unos cursos que ofrecía el ayuntamiento, precisamente de animadora socio-cultural para atender a las personas mayores en el área de los mayores de Badajoz. Me hubiera gustado más que el enfoque de los cursos fueran guarderías o sitios donde cuidar niños. Los cursos estaban becados por el Estado y percibí mucho movimiento y personas como psicólogos, asistentes sociales y varios profesionales muy involucrados en la impartición y organización de los cursos.

Solo de pensar en que tenía que ponerme delante de libros y lecciones a estudiar, el estómago me lanzaba un calambrazo para no olvidarme nunca de lo que no debía hacer para molestarle. A los pocos días de estar allí, mejor dicho, a la semana mi amiga me advirtió en confianza que lo más probable es que me echen del curso. No había participado nada en clases y no hubo retroalimentación por mi parte. No había articulado ni una palabra. Tengo constancia de que las profesoras lo habían hablado ya entre ellas. Me señalaron. Mi amiga cuando se enteró de que me podían echar del curso me insistió en que pusiera, aunque sea un poquito de mi parte y aprovechara la oportunidad que más tarde agradecería. No se equivocó. Claramente a mí no me apetecía hacer nada de aquello. No dejaba de preguntarme dónde me había metido. Si hubiera sido por mí, ni se me había pasado por la cabeza acceder al curso porque el fracaso escolar que sufrí había vuelto para instalarse unos días y revolver mis emociones.

Hice caso a mi amiga. Me pidió que por favor me tomase en serio el curso. Le hice caso y se lo demostré cuando un día, una de las psicólogas había propuesto una actividad que consistía en que cada alumna tenía que ponerse de pie delante de toda la clase e inventarse un cuento, un relato acerca de una palabra que los profesores escogerían al azar. Se trataba básicamente de valorar nuestra capacidad creativa y descriptiva mientras nos escuchaban exponer. Cuando explicaron el ejercicio fui la primera en ponerme de pie. Me asombré hasta yo de mi repentina intervención. Me levanté segura de mí misma y me puse de pie delante de toda la clase, conservando cierta timidez. Me dirigí a los alumnos y profesores y me inventé sobre la marcha un relato acerca de una mancha captando la atención de todos en milésimas de segundo, porque era interesante lo que les iba a decir y porque no se esperaban que hablara, y menos la primera. Ya no me acuerdo ni de lo que dije, pero sé que al final me aplaudieron y me vitorearon. Mi amiga durante mi exposición estuvo de pie ocultándose en las escaleras del pasillo oyendo y viéndome impresionar a las profesoras con las que más tarde hablaría defendiendo mi postura al haber sufrido el fracaso escolar.

Quedaban pocos días de curso y nos han convocado para darlo por finalizado. No estaba preocupada porque pensaba que nos darían una charla con la que terminaríamos la formación. Pero lo que no sabía era que si nos han hecho llamar no era para una charla, sino para un examen donde puntuarían nuestras capacidades como futuros animadores socioculturales. Al enterarme, la cabeza me castigó con un vértigo que bajó desde las cervicales hasta la espalda, atravesando mi cuerpo para llegar al estómago. Antes de entrar a hacer el examen recibí una llamada cargada de ánimo de mi amiga. Confiaba en mí y no podía decepcionarla, no después de lo que se preocupó por mí.

Saqué lo mejor de mí y lo volqué en ese papel que tenía delante de mí. No sentí miedo a la hora de enfrentarme al examen, que por cierto aprobé. Pero no era suficiente. Después del examen tuvimos una entrevista donde un tribunal nos preguntaba a cada uno por nuestros hobbies y si teníamos algo que aportar al mundo del ocio en las personas mayores de edad. Respondí hablándoles de algo revolucionario sabiendo que los dejaría atónitos: del flamenco clásico y de la importancia del baile. Traería novedad y frescura. Me encantaba el flamenco clásico y pretendía dedicarme a ello como venía especificado y recogido en un proyecto que les entregué, bien redactado y desarrollado.

Jaque mate.

REFLEXIÓN Y APRENDIZAJE

De los momentos malos y de los buenos con los que nos deleita la vida, en su juego de atraparnos por momentos, hay que sacar una conclusión, un aprendizaje. El aprendizaje es decisivo. Cuando una persona se siente mal y decaída o triste por estar pasando un mal momento, tiene que ir en contra natura e imponerse. O sea, si no te quieres levantar, te tienes que levantar, si no te quieres duchar te tienes que duchar, si no quieres salir tienes que afrontar tu cuerpo, tu alma, tu organismo, tus pensamientos porque son tristes y amargos.

Tienden a la desidia cuando la negatividad ha instaurado sus normas y se ha hecho con el control de nuestros sentimientos. La negatividad consume las fuerzas y la motivación de seguir adelante. Pero nosotros podemos con todo eso. Si ese día, una mañana o una noche te apetece llorar, permítete llorar lo más grande y no te reprimas. Llora todo lo que tengas que llorar porque estás pasando el duelo de una separación, de un romper con una amistad, cualquier vínculo o una pérdida. Todo lo que conlleva una ruptura brusca y dolorosa son para mí duelos que hay que diluirlos tal como son, pero ojo, sin entretenerlos más de lo necesario.

Puedes estar muy mal unos días, aunque hay que tener en cuenta que todo lo que pase de cierto tiempo ya se está alimentando. Cuidado con alimentar un duelo que puede acabar en una depresión y rozar la enfermedad por mantener y agarrarnos al dolor o la ilusión de la tortura universal que orbita alrededor de lo que podría haber sido y no fue. El desamparo del podría haber sido y no fue, es desgarrador. Lo trágico, la trama de algo que ha sucedido está ahí y la mente se encargará de recalcarlo. Inevitablemente vas a sentir la falta de esa persona, el vacío que ha dejado difícil o imposible de reemplazar en muchos sentidos. Vas a sentir todo, con lujos de detalle, pero evita por todos los medios, alimentarlo. Puedes combatir ese pulso, pero que no sea contra ti mismo. No te culpes de nada ni tengas remordimientos innecesarios o imaginarios. Lo que tienes que hacer es ir a trabajar, moverte, apuntarte a hacer un curso, mantener activo tu cuerpo, tu mente ocupada y seguir aprendiendo. Transforma todo eso en munición, calibra tus objetivos, apunta y dispara sin miedo. El resultado, a la larga y aunque no seas capaz de verlo te devolverá por cada lágrima derramada el doble de felicidad.

Si tú le das en esos días de máxima vulnerabilidad combustible al aprendizaje vas a abrir nuevos caminos en la vida para que no te conviertas en una persona enferma. De esta manera se hace más llevadero el proceso de superación. Lo digo por mi propia experiencia y gracias a Dios he tenido un ángel de la guarda. Me quedaba una amiga de muchas, que me animaba y me obligaba a salir y luchar por mi recuperación añadiéndole un poco de ocio al asunto.

Animo a todas las personas a que cuando tienen un sentimiento terriblemente doloroso, sus días de duelo lo tienen que vivir y les invito a que cuando llegan a sus casas, en su intimidad y desde la tranquilidad, se relajen y cuando cae la noche lloren, escriban lo que sea para drenar y sacar la pena. Entregarse al gemido del alma cuando lo pide a gritos es bueno porque ayuda a descansar, despeja la mente, sana la herida y es liberador.

El día siguiente por la mañana con el comienzo de un nuevo día por delante tenemos que hacer de tripa corazón y renovarnos. Luchar y sacar las fuerzas de donde no las haya, darse una ducha refrescante, prepararse y cuidar la imagen para no ir desaliñados. No nos desatendamos porque el cuerpo y la mente sufren y los estamos castigando. Yo mismamente. He llegado a pintarme hasta tres veces a causa de que las lágrimas me borraban el maquillaje, el rímel se escurría como pequeña tira de seda negra brillante que acariciaba mi mejilla y la teñía de negro, pero aun así seguía e insistía hasta que cumplía con mi cometido, con muchas interrupciones que permitía para luego poder seguir. Si me tenía que parar y hacer una pausa para llorar no me resistía. Con un pañuelo en una mano y el rímel en la otra, seguí. Lloré, me limpié y me arreglé.

No caigas en tu propia pena, aunque sea lo que más se desea en un momento desolador. Es una emoción pasajera y aunque parece que estamos condenados a sufrir eternamente, no es así. Durante un tiempo, la pena se instala en nuestro día a día y se nos graba en el cerebro, pero no viene a quedarse sino a enseñarnos una poderosa lección de vida con un aprendizaje de fondo. En nuestras manos queda jugar con la intensidad y la observación para hacerle perder poder sobre nosotros y llevarle la contraria, de esta manera se espanta de nuestra buena disposición enfocada a recobrar la felicidad y pierde la batalla. Hemos construido una fortaleza mental de autocomprensión y amabilidad hacia nosotros mismos. Si quieres pensar en pena y en dolor, la pena y el dolor serán los que más tiempo te ocupen y te fijarás sólo en ello.

Las malas cosas que nos pasan en la vida no son fracasos, son señales. Yo por ejemplo como soy una mujer cristiana lo veo muchas veces como pruebas que me manda la vida para ver qué fuerza tengo y medirla, porque precisamente, mi religión representa un Cristo que murió en una cruz. Qué mayor prueba de fe que la que hice, al decidir alzar mi cabeza hacia mi Cristo, crucificado y decirle *"aquí estoy yo para llevar mi cruz"* justo después de separarme. Hasta hoy tengo que decir que la llevé con respeto y dignidad. Eso sí, tengo unos grandes aliados alrededor y las personas que conozco me llenan porque cuando les doy me responden adecuadamente. Me refiero a las personas que he ido conociendo últimamente no las que tenía antes. Entonces quisiera resumir en pocas palabras y llegar a esta reflexión sencilla pero que esconde mucha sabiduría y es que de lo malo hay que sacar cosas de provecho.

Yo, terminé mi graduado escolar y me saqué un título de animadora cultural. Estas dos cosas, más mi predisposición y mi buena actitud me ayudaron a conseguir un trabajo en el Ayuntamiento. Un trabajo muy digno, muy bien pagado y ahí también desarrollé algo que llevaba desde muy pequeña dentro de mí escondidito: el baile, el flamenco clásico. Fue todo un éxito cuando expuse el dossier desglosando las partes de mi proyecto, explicando en qué consistía.

A veces las personas tenemos cosas ocultas con un gran poder de sorprendernos, que deberíamos sacar a relucir y potenciar hasta el punto de poder vivir de ello. Como punto de inflexión, también quiero añadir y aconsejar que no nos tiremos de cabeza en cualquier trabajo. Ojo, lejos de criticar ni desvalorizar un trabajo porque tanto unos como otros son igual de válidos y dignificantes. Pero me quiero parar a motivar a escoger un trabajo que nos aporte un eficiente desarrollo personal y laboral. Un trabajo que nos motive y nos haga sacar lo mejor que tenemos por dar y entregarlo sin recelo y sin contenernos a cambio de apreciación hacia nosotros mismos y reconocimiento de los demás. Conocer nuevos entornos, personas con gran empatía y competitiva en el desarrollo de sus funciones. Un trabajo donde podamos ser nosotros mismos y dedicarnos a lo que nos gusta, porque ahí es donde que trabajo se realizará con gusto y compromiso. Ahí es donde aprendemos y nos formamos para desempeñar un buen oficio.

Me refiero a un trabajo creativo donde interactuar y dinamizar las relaciones sociales que son las que nos van a enriquecer y es que es hombre es el único ser humano que necesita de la sociedad y de sus componentes para vivir. Hagan cursos, adquieran un trabajo de categoría y conseguirán resultados distintos. Luchen por una formación de calidad que conlleve buenos resultados, acordes a los conocimientos y aptitudes o gustos de cada uno. El caso es salir del paso y darse a respetar. Lo malo no dura toda la vida, sino que siempre pasa por algo. Parémonos a reflexionar y aprender de lo bueno y de lo malo. No miren para otro lado ni busquen soluciones que están fuera de nuestro alcance. Si el problema viene de dentro, se soluciona desde dentro y lo que tampoco vemos, o no queremos ver es que disponemos de herramientas necesarias para salir del bache con la cabeza bien alta.

Para evitar lo que evidentemente es evitable, os animo que, por favor, cuando se vean en una tesitura un poco más sensible, acudan a un profesional especializado en gestión emocional. Esos psicólogos, esos médicos entrenados para darle alivio a la mente, disponen de un maravilloso kit de trabajo y un bisturí que les ayuda mediante una incisión concreta a llegar al fondo del asunto tocando la tecla.

Esa tecla programada por la familia, por repetición de conductas dañinas, por las imposiciones sociales y la peor de todas, las creencias limitantes autoimpuestas a las que algunos viven abrazados. Es muy importante desmigar y trabajar en un problema con los cinco sentidos puesto a ellos, porque el tiempo no cura nada realmente y el día menos pensado se puede volver contra nosotros brotando con todas sus fuerzas. La terapia es una mezcla, un cocktail de ingredientes maravillosos mezclados por mentes preparadas para diluir un problema o una preocupación que nos puede quitar hasta las ganas de vivir. Podemos entrar en depresión o desarrollar trastornos causados por la incertidumbre y todas las cargas pueden dejar detrás de sí un importante desgaste.

Invito también a los que no creen en la religión católica a que la conozcan. Es sinónimo de libertad del universo que llevamos en nuestro interior, que no queda marcas ni impone una vestimenta, ni unas pautas, ni un horario ya que una iglesia está abierta muchas horas del día para acoger a todos aquellos que quieran disfrutar de la conexión con lo espiritual, y se vive desde la esencia porque alimenta el alma. Mi religión me ha proporcionado tranquilidad en el alma y serenidad en mis pensamientos. Me ha dado calidad de vida incondicional. Es una expresión de buena voluntad y de buena fe como estilo de vida.

CAPÍTULO X

EXPRESIÓN EN EL BAILE

Cuando comencé a trabajar como animadora sociocultural, me he encontrado con algo muy positivo, que no sé ni cómo me salió. Revolvió al tribunal por la repercusión del tema que orbitaba alrededor del baile. Aceptaron mi propuesta para implementarla en todos los centros que llevaba el Área de los Servicios Sociales donde aún no ha llegado la pasión del flamenco. Fue un triunfo personal muy grande. Me asignaron los centros de trabajo y empecé a moverme.

Conocí a centenares de mujeres a las que tenía que acompañar, ponerlas a bailar, ganarme su confianza y afianzar los grupos. Me tocó descubrir una época de entrega a aquellas mujeres, donde disfruté muchísimo de mi nueva experiencia. Aún guardo cartas escritas y cargadas de palabras bonitas que me entregaban cuando se terminaba el curso.

Sobrellevé muy bien la situación a pesar de no haber trabajado de cara al público hasta el momento. Por otro lado, mis circunstancias personales, me desquiciaban de deseo y ardía de ganas que tenía de estar con mi exmarido. No pude hacerlo, así que seguí cargando con mis emociones, que conseguía distraer unos instantes cuando ponía las canciones que había elegido para las clases de baile. Me animaba yo misma y disfrutaba de la música. Durante horas y horas y horas de clases, por dentro estaba rota, pero bailando. Por dentro llorando, pero por fuera animando a las demás a bailar conmigo, todos los días durante siete años. No pude permitirme venir abajo, porque sabía que conllevaba el riesgo de arrastrar a mis alumnas también.

En estos centros no te puedes desviar en ningún momento sobre la tristeza y menos soltar una lágrima, porque afectaría la vulnerabilidad y sensibilidad de las mujeres, rompiendo a llorar conmigo y acompañarme en el llanto si fuera necesario. No quería contagiarlas porque uno de los lemas más importantes de las animadoras socioculturales era animar a las personas. Me tocó moverme y llegar sola a los sitios, pero me despejaba por el camino y ya iba pensando en cómo estructuraría la siguiente clase de baile. Me acercaba a los centros de trabajo a pie, no conocía los trayectos en autobús porque no había pisado jamás un autobús. Antes de la separarme mi ex marido siempre me acercaba en coche a los sitios.

Consideré la idea de salvaguardarme de las mujeres que me rodeaban. Manejé muy bien mis estados de ánimo desde la discreción hasta el punto de que nadie sabía si estaba separada, soltera, viuda, con hijos, con nietos, etc. Evidentemente, me hacían todo tipo de preguntas que me revolvían por dentro. Mis respuestas eran cortantes y me limitaban a chasquear el dedo en el aire, con la mano alzada en señal de que la clase y el baile estaba a punto de comenzar. Decidí no contar nada de mi vida, porque lo que sí aprendí es que las personas, según lo que son, pues piensan. Es decir, no vemos las cosas como son, despojadas de interpretaciones propias, por lo tanto, si una persona es buena, me va a mirar con buenos ojos y buena actitud. Si en cambio otra persona es todo lo contrario me puede subyugar a juicios propios y eso no a mí no me interesa mucho. Por eso prefería ser reservada y cautelosa y no verme afectada por palabrerías vacías soltadas por personas ajenas a mi situación particular.

A pesar de todo, ver que tenía en mis manos el poder de animar a tantas mujeres que pasaron por mis manos me hacía muy feliz mientras por dentro seguía rota. Mi alma tenía deuda con mis lágrimas, y me las quería arrancar para saciarse y cobrarse la venganza. Mis lágrimas podían delatarme en cualquier momento y quedar recogidas en racimos de uva, tal era su tamaño. Muy a mi pesar tenía que contenerme y seguir palmeando al ritmo de la música. Tenía un deseo ardiente de pararme en seco y llorar, aliviar mi pena, pero tenía que ser un referente de superación a través del baile. Así que entregué mis llantos al tacón que golpeaba el suelo mientras alzaba la mano, observando como mis dedos burlaban al pensamiento desesperanzador viajando por cada dedo.

Cuando las clases y encuentros terminaban y llegaba la hora de despedirnos hasta el día siguiente, era desolador volver a la realidad. Debo decir que no estaba sola, sino que dos hijos, una nuera y un yerno maravillosos me salían siempre al encuentro. Más que las parejas de mis hijos, parecían un hijo más de mi familia. Me han apoyado en todo momento desde la separación. Volcaron su atención en mí, cuidando mi vulnerabilidad. ¡Vaya aliados del alma que tuve! Pero al llegar a casa me atrapaba otro tipo de soledad. Estaba sola físicamente. Aquella soledad me hacía tambalear ante la ausencia de mi amado.

1

El primer año de trabajo me superé. No me lo podía creer. ¡Lo había conseguido! Había hecho un trabajo magnífico moviendo a más de doscientas mujeres al ritmo del flamenco, teniendo en cuenta que no había dado clases jamás antes de exponer el proyecto y llevaba sin bailar desde muy pequeña.

Saqué en ese curso lo que nunca dije y nadie sabía. Hay una razón de fondo por la que lo tenía oculto: mi madre no quería que yo bailara y me lo prohibió con la fría contundencia que caracteriza a una madre sobreprotectora. Siendo muy pequeña una vez hubo un problema. Viví ese momento con la intensidad de todos mis sentidos. Bailando en lo alto de la mesa de mi abuela, me he soltado y alborotado el pelo que estaba cuidadosamente trenzado, he cogido pañuelos enganchándomelos a la cintura para simular el oleaje de la falda flamenca mientras mi abuela me tocaba las palmas. Sus manos estaban arrugadas. Cada pliegue de una arruga tenía su propia historia extendida en largos años de trabajo. Estaba contándole mediante canto flamenco un cuento a mi abuela en versos. Bailé con toda la gracia de mi ser, castigué con mi pequeño pie la mesa con mis zapatos.

Mi madre irrumpió entonces y no le gustó para nada la escena con la que se encontró. Se lo leí en el rostro y me asusté. Inmediatamente me prohibió volver a montar un numerito similar, y sé que se refería también a la abuela. La advertencia era para ambas. Se molestó muchísimo al verme despeinada y desatada. Todo era protección. Me quería proteger constantemente y mi simbiosis me hizo desapegar de lo bailado para tenerla contenta. Nunca me deshice de esas ganas que las llevé al ayuntamiento con las mismas energías de la niña de antaño a la que le censuraron el baile y la expresión. Tuve la oportunidad y la fuerza de proyectar a los demás lo que me arrancaron y arrugaron para guardarlo en el olvido. Por eso las mujeres que arropé se expresaban sin miedo y sin censuras.

Al segundo año decidí agregar más adobo y adornar el baile de expresión donde las mujeres se liberaran al ritmo de las canciones de Paco de Lucía. Profundicé en llevar el concepto del baile más allá mediante la fusión del arte de la expresión y el embrujo de la música que nos hace recorrer un paisaje emocional interno. ¿Qué hice después? Profundice aún más.

Una por una las invitaba, las sacaba a bailar mediante gestos con las manos y un movimiento de falda. Bailaban de una en una, no en grupos que se limitaban a seguir unas órdenes. Las acompañaba con entusiasmo para sentirse cómodas y seguras con los pasos firmes que estaban dando al avanzar hacia el centro de la pista, reflejo de la vida. Contemplaba y me dejaba embelesar por el esplendor femenino tan natural que desprendían. Las miraba fijamente a los ojos y las desafiaba a manifestar sus dolores y exteriorizar sus sentimientos a través de elegantes movimientos. Imitaban lo que yo había deseado e incorporado y es que, que con una de las manos indicaban la zona del cuerpo de donde nacía el dolor.

La expresión de la cara indicaba la intensidad. El rostro es el espejo del alma y el taconazo que hacía retumbar el suelo bajo nuestros pies, la rabia contenida. Veía fuerza, euforia y emoción. Unión y amor entre ellas. Quería que rompieran lazos y conforme bailaban, se iba expresando corporalmente. ¿Quién no se ha enfadado con un ser querido, quien no tiene una dolencia, quien no tiene un hijo que daría su la vida por ofrecerle otra? Así el baile les salía bonito y disciplinado, con canciones de fondo que acompañan. La música era la adecuada, y no flamenco técnico, sino clásico.

Algunas se acariciaban el pecho como si intentaran llegar hasta el alma y calmarla. Otras se agarraban a sus estómagos cogiendo una profunda bocanada de aire y llenarse el pecho como si de un último soplo de aire se tratara. Había manos tocando una rodilla o un codo, pasando tímidamente por su cálida mejilla ruborizada. Qué bonito era ver cómo sus hombros se erguían con pasión, cómo los cuerpos se fundían con el ritmo en armonía. Los torsos que se movían delante mía, enfundados en trajes de flamenca, protagonistas de un grandioso escenario sobre el que nos proyectamos haría por erizar la piel de cualquier espectador, robándole un aplauso muy sonoro con lágrimas en los ojos. Era una explosión.

Las mujeres iban a bailar y se curaban de un dolor, de un agobio, y en ese rato que pasaban conmigo despejaban sus mentes. Las que menos se podían mover, lo hacían a paso más flojito y las motivaba para que se sintieran seguras. Unas eran más tímidas, a otras les gustaba lucirse, algunas superaron la vergüenza mientras otras perecían destruir a taconazos los complejos que tenían sobre sus cuerpos. Lo importante es que salían de clases contentas por vencer la timidez y confiar en ellas mismas. He enfocado mi trabajo en que fuera elegante, que fuera lo más selecto del flamenco independientemente del físico de cada una. Eso sí. Tenían que llevar diariamente sus correspondientes adornos de oro, nada de plástico ni complementos artificiales.

No he conocido a una que no tuviera raza dentro, y sé lo que quiero decir con eso. Me refiero a mujeres con fuerza, con sabiduría, pero que pasan por sus vidas por ciertas circunstancias. Se enfrentaban a luchas continuas donde lo que más deseaban para descargar y aliviar el peso de su cruz, era tirar la toalla. Pude ver muchos aspectos de ellas. Buenos y malos. Las animaba a seguir luchando, con todo el cariño del mundo. Si hubiera podido hacer mucho más por ellas, lo hubiese hecho sin pensarlo siquiera. Hice lo que pude, hasta donde pude y hasta donde me dejaron, hasta donde se dejaron conocer.

Por eso digo y transmito que las personas luchen por unos por unos estudios, por una formación porque un buen cargo, un buen puesto de trabajo llevado por una buena persona, es gratificante y se puede hacer disfrutar y ayudar a los demás.

2

El baile y el trabajo fueron dos puntos de ayuda muy importantes para mí y llegaron cuando más lo necesité, sin pedirlo. Fíjate que no tuve personas a mi lado ni se preocuparon siquiera por estar. En el peor momento fue un curso y un trabajo lo que me hicieron recapacitar y llenaron mi vacío. Un entretenimiento sano me permitió abrirle las puertas al desarrollo personal y profesional.

No paré de hacer cosas estando soltera. El curso al que me apunté para estudiar y ser animadora sociocultural fue espléndido. Sacar buena nota, me sonaba a chiste, cuando yo lo único que había conocido fue el fracaso escolar y ahora.

He descubierto tantas cosas, que cuando me premiaba por lo bien que lo había hecho y por mi superación, enseguida me retaba y me preguntaba *"¿a mí de que me vale esto si no estoy donde realmente me gustaría estar?"*. Pero parece ser que la vida me lo ha puesto así. Al menos hice algo bonito y productivo antes que estar en el sofá de mi casa penando y llorando.

En mi trabajo me han pagado por bailar. Por convertir en realidad un proyecto. Me pagaron por disfrutar. Mi trabajo no era solo el baile, sino que me tenía que acercar a las personas, muchas de ellas incomprendidas y ganarme su confianza porque me han contado sus vidas, y las que no, me lo han insinuado. Sabía escuchar, era sensata, entregada, y mis ojos tiene una particular manía de hablabar antes que mi boca, aun sin articular palabra. Hacía las clases abiertas y libres de presión o tensión de los mandos directivos de las actividades de ocio y tiempo libre. No me han impuesto nada: ni de música, ni de baile, ni de coreografía, sino que el objetivo era que disfrutaran de los ratos que pasaban conmigo así que mis jefes estaban contentos con este taller recreativo.

Estoy muy satisfecha porque he podido aprovechar de lo que me ha puesto delante la vida, que no quería. También lo aproveché para disfrutar de la casa que tengo ahora mismo. He disfrutado de mi marido a mi manera, como he podido, como he sabido y con ganas.

No sé cómo va a terminar este libro ....

Por eso hoy digo que no se puede quedar uno en un sillón ni sentirse destronado, ni decir o pensar en que *"me han dejado"*. La expresión *"me han dejado"* no existe. Es muy sencillo, aunque difícil de digerir. Cuando los cónyuges en una relación no sienten uno por otro lo que se tiene que sentir para ser pareja, se deben separar. Puede ser que se consiga que se siga siendo amigo, sin faltas de respeto, porque una vez que termina el amor ya no hay envoltorio. Entonces, ya está. *Se terminó*.

Dos palabras que nos enmudecen ante la sensación de que el tiempo se ha parado justo delante de nosotros con aire burlón y con risa maliciosa nos cruza la cara de un bofetón cargado de realidad. Esas dos malditas palabras que nadie queremos escuchar, nos llenan de valentía, de humildad sin perderle el respeto a la persona que tenemos enfrente y poder hablarle con claridad. Qué poder, el de las palabras, de sanar y de hacer daño. Al mismo par pienso que el silencio es peor todavía. Es el peor de los castigos que encarcela las palabras, destruye el coraje y no resuelve nada.

Hasta las situaciones más incómodas se pueden resolver, pero recurrir a guerras para destruirse es vergonzoso, sobre todo cuando el que es dejado empieza a ponerse bravo, a sacarle defectos a su pareja, a increpar a los hijos y volverlos en su contra. Lo veo denigrante y feo. Cada uno en el momento de una separación tiene que sacar sus propias herramientas y me refiero a las que dignifican, no a las que nos entorpecen porque nuestro ego y nuestro orgullo reclaman estar por encima de todo. Me refiero a buscar las fuerzas que absolutamente todos llevamos dentro.

Soy totalmente consciente de la cantidad de cosas que se dejan atrás en saco roto, pero no podemos agarrarnos a ellas. Dejé atrás una impresionante casa de varios cientos de metros cuadrados con su terreno, jardín y piscina. Tenía dos salones amplios y decorados como si fueran portadas de revistas de diseñadores famosos en casas de lujo. Pero no perdí la esperanza, por lo bien que había gestionado mi casa, y no sólo económicamente, hasta la separación. En mi hogar nunca ha faltado nada, ni siendo niña en casa de mis padres, ni siendo mujer y señora de la mía propia. Gestión que mejoró aún más después de la separación cuando me las vi sola. No dejaba de sorprenderme a mí misma y cada día me superaba con creces. ¡Qué fuerzas sacaba, Dios mío!

Da miedo dejar atrás cosas y solo encontrar incertidumbre, claro que sí. Pero es importante saber enfocar los sucesos de mayor trascendencia de nuestras vidas donde el miedo sea más un aliado que un enemigo al que temer. Separarme de una persona para bien o para mal, para mí, al menos, conlleva decirle lo que he dado por ella, (que seguramente sea mucho) lo que he sentido y lo que estoy sintiendo todavía, y no hay más que hablar porque me doy la vuelta y me voy. Avanzo. Nunca debemos pararnos. Sigamos adelante porque la fuerza de voluntad va muy ligada a la vida, la vida es adictiva y nos empeñamos en ver más de lo malo que de lo bueno. Premien los buenos instantes y agradezcan los pequeños detalles que llegan a nuestras vidas en forma de un nuevo trabajo, un curso, una entrevista de trabajo, lo que quiera que fuera, pero agradecer poder pasar tiempo con vuestros padres, con los amigos, con los hermanos. Quered mucho y sentiros merecedores de recibir cariño, y entonces este llegará por triplicado. Dad de lado las cosas malas que ocupan espacio que podría ser reemplazado con un mejor diálogo interior lleno de frescura y energías renovadas.

CAPÍTULO XI

AGRADECIMIENTOS

Llegados a este punto en el cosido de mi historia, reparando fragmentos considero que ha llegado el momento de hablar de algo vital para mí y se trata del eterno agradecimiento que tengo hacia mis padres por lo que este capítulo del libro lo he reservado en forma de dedicatoria a los pilares fundamentales y como no podía ser de otra manera, creadores de mi existencia. Podría empezar por un sinfín de formalismos o frases hechas, pero no le harían justicia.

Ante todo, gracias a ellos he sabido vencer obstáculos, que como nos pasa a la inmensa mayoría, pensamos que por el mero hecho de ser buenas personas no pasaremos por ello. Esa herencia práctica me ha ayudado a tejer estrategias y ser ágil a la hora de determinar cómo afrontar y abordar situaciones de las que he salido favorecida, aunque cansada o dolida por la intensidad de la lucha que he tenido que llevar a cabo. De mi madre he aprendido a valorar a los demás mediante la empatía.

Me ha transmitido el saber estar en cualquier sitio o circunstancia, analizar y valorar mi entorno. Pero la más bonita de las numerosas virtudes heredadas es el escuchar contemplativo. Estar atenta a quien me habla y a su mensaje para saborear lo que me dicen, siendo amable. Me enseñaron saber dar algo que probablemente no tengo en abundancia, pero aun así lo doy, aunque este ejemplo no se aplicaba a mis padres, en este momento lo veo así. Y por mucho que se diga que de donde no hay, no se puede sacar, yo sí soy capaz de dividir hasta un grano de azúcar, que es mucho más pequeño que un grano de arroz, y en vez de endulzar un café, da para dos tazas.

También quiero agradecerles el cariño y el amor que me han entregado. El libro comienza por situar en un marco contextual al lector en el desarrollo de la gestación y lo que en un principio es un comienzo trágico, luego mi madre me demostró claramente que fue un hecho puntual y aislado debido a sus temores, a la incertidumbre y al no saber a qué se enfrentaría en el parto de su segunda hija. El miedo no la dejó concebir el parto de otra manera. Los besos, la aceptación, el cariño que no me dio en aquellos momentos llegaron años más tarde por triplicado llenándome completamente y haciéndome curar las heridas que han sanado, para luego recomponer pedazo a pedazo laboriosamente, mi alma. Nunca pensé que cuando muriera iba a despedirla de la manera en la que lo hice: con dulzura, con una sonrisa de despedida que más que forzada o ligada al dolor característico de un duelo, fue de liberación al saber que no ha quedado nada por aclarar, pudiendo de esta manera darle el descanso eterno y el luto correspondiente. Su partida dejó una Sandra entera y dispuesta a demostrarle y demostrarme que gracias a ella tenía unas potentes nociones de la vida en general y tenía bien cogidas las riendas de la mía en particular.

Mis padres poseían un criterio muy elaborado de las cosas. Mi padre es una de las personas que no se iba a la cama, ni se dormía ni se despertaba sin antes darnos un beso y un gran abrazo. Mi madre en cambio, no es que fuera fría pero tampoco estaba dada a entregar ese cariño tan natural y dulce que mostraba mi padre como padre y esposo. En ese sentido debo decir que esa parte la he más que heredado. Corre por mis venas.

Encima he oído a mi madre decir en alguna ocasión delante de alguien, refiriéndose a mi *"Ai, pero si es como yo, se parece a mí."* No me gustaban las comparaciones o pareceres, me ponía furiosa. Ni me gusta a día de hoy porque cada cual es cómo es. No somos fotocopias de nadie ni tenemos porque aparentar ser algo que no somos con el único objetivo de complacer a los demás. Carece de sentido, además, en las comparaciones una de las partes va a salir perdiendo inevitablemente, lo que termina en una profunda frustración al no haber adecuación a la persona con la que se nos compara. Es parte de un problema, no de la solución. Si hasta los hermanos, que son familia de sangre son diferentes. En la vida no hay nadie igual que nadie.

Mi padre era un hombre delgado y sobrado de cariño, bondad y muestras de afecto. Me subía a sus espaldas y así enganchados subíamos las escaleras o jugábamos mientras nos reíamos y todo a nuestro alrededor no existía, sólo nosotros. Con la primera menstruación que me bajó con once años la cosa cambió. Había oído decir que eso era hacerse mujer y marcaba el inicio de las absurdas limitaciones de la adultez. Ya no correspondía ponerme de aquella manera infantil en presencia de mi padre ni tirarme encima suya para jugar. Ya no me consideraba una niña, aunque me hubiera encantado haber seguido igual con mi padre sin cambiar de actitud ni de forma de ser, porque verdaderamente era lo que quería.

Mi padre era maravilloso, siempre asaltándome con besos y un cariño incondicional. Me hizo ver que cuando haces feliz a la persona que quieres, inevitablemente eres feliz. Felicidad y prosperidad traen consigo plenitud y una vida de pareja consolidada. Por tanto, digo con mucha seriedad a pesar de la emoción del momento, que las personas que tengan cerca de ellos a familiares y personas por las que profesan un amor de verdad, no del que se habla para camelar. Me refiero al amor puro que se siente, se construye y se demuestra, no tengan miedo de darles todo, todo el amor que pueda darse, aunque determinado momento sea más incómodo que otro. Y os puedo asegurar que los momentos incómodos existen, pero de la misma manera es reconfortante la recompensa que se cierne por encima de toda incomodidad. Es el mejor aliado y antídoto para el llanto cuando la rabia actúa como veneno. Aconsejo a los lectores que expresen el amor que sienten, que no se guarden ni una carta, sino que la jueguen.

La recompensa la recoge el alma en forma de paz. Nos prepara para cuando tengamos que vernos en la situación de poder vivir sin una persona y hacerlo, con la conciencia lo más tranquila posible, depende solo de nosotros. Ayuda a adquirir el poder de vivir con la ausencia de personas que simplemente deciden alejarse de ti y no sigas formando parte de sus vidas. Interiorizar tan horrorosa sentencia te hace vivir bien contigo mismo, aunque sí con mucho dolor, porque siempre he pensado que cuando le das cariño a una persona, no querrá que te vayas de su lado, pero ahí interviene la realidad que nos pone en nuestro sitio.

Más razón de agradecimiento hacia mis padres, el de hacerme heredar el don puro de amar y querer sano. A ellos se les fue de la mano el envoltorio de su hija Sandra, porque podría estar en otro sitio, haciendo otras cosas, pero el *"y si"* no lleva a nada más que remover en el pozo de la incertidumbre. Estoy más que orgullosa de estar donde estoy, y es gracias a ellos. Estoy orgullosa de mis sentimientos, de mi forma de pensar y del mujerón en el que me he convertido.

Me han transmitido un largo testimonio a lo largo de los años porque mi madre ha vivido ochenta y tres años, y mi padre se apagó diez años después. Mi padre me confesó que, si ha sido feliz, ha sido por mi madre. Su meta en la vida era hacerla feliz, pero de manera egoísta y eso se traduce en que cuando ella no era feliz, él tampoco. Eran auténticos. No es que lo sepa con setenta y un años y lo haya descubierto hace relativamente poco, lo sé hace muchos años porque soy testigo de unos valores y principios de bondad desinteresados que han incorporado en mi personalidad y yo los he mejorado.

Así quedo escrito hoy, veinte de marzo de dos mil veintitrés, que tengo muy claro cómo soy; y de que mi teléfono y la puerta de mi casa estará abierta para todas aquellas personas que estén pasando por un mal momento, para ofrecer desde la complicidad y respeto consejos y tender mi mano para ayudar a quién más lo necesite y me necesite.

Gracias papá, gracias mamá por educarme y darme esta forma de ser. Hay una chispa que me diferencia, obviamente, que he tenido que limar y trabajar yo sola, desde la soledad y el dolor, fingiendo que siempre estoy bien, pero sin mentir porque radiante era mi accesorio preferido. Pero la cimentación indestructible fue edificada por vosotros. Papá, ojalá tus nietos hubieran sabido bien coger tu sabia. Más bien te han tenido como un abuelo blando y tierno, pero sin ver tu sabiduría y el brillo natural de tus ojos, transmisores de cariño.

BÚSQUEDA DE EMBELLECER LA VIDA

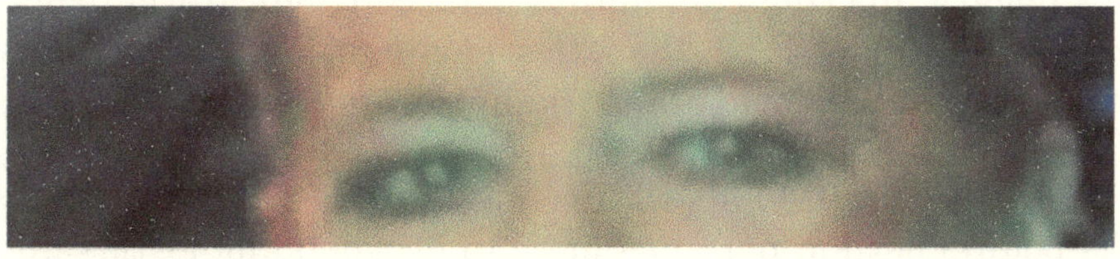

Le insistí a la vida y el amor me ha dicho que no, porque, a pesar de tener personas especiales muy cerca de mí, éstas no han podido darme lo que me merecía. Imaginaros lo que me ha tocado afrontar. Han sido tan escrupulosamente exigentes consigo mismos que han considerado apartarme y no sé distinguir si fue humillación lo que sentí o decepción, pero es difícil de aceptar y entender. Hay dos personas especiales en mi vida que desafortunadamente me han cerrado las puertas y no me quieren a su lado. Una de ella está profundamente unida al amor y a la pasión. La otra persona me ha demostrado que, según su educación reacia, limitativa, salpicada con episodios de falta de tacto y sensiblería, sí quieren que alguien de fuera se lo proporcione, pero de forma distinta.

Y yo la única manera de querer que conozco es ésta. Porque es real, por lo tanto, no estoy a la altura de ciertas exigencias y expectativas que sentencien o hagan cambiar mi comportamiento en contra de mi voluntad. Las energías positivas, reflejo de mi bienestar mental, pueden llegar a estorbar o chocar con ideas menos fundamentadas en la alegría. Es difícil también y me ha tocado abrir un baúl de reacciones mezcladas y agitadas que siempre supuse que si había llegado a mis manos sería por alguna extraña circunstancia y me hubiera encantado no ser la receptora de tal tesoro oculto en un baúl que está lleno de maldad, negatividad y oscuridad. Lo que sí digo es que este libro, una vez cruce los límites de mi casa, estará en manos de personas a las que quiero, y a varios implicados en mi vida, también les llegará una copia del manuscrito, con dedicatoria firmada por mí misma. Voy hacerles partícipes de las palabras que salen del silencio que se ha apoderado de mi alma.

No tendría que haberlo hecho, pero me he disculpado y he pedido perdón por si se me han escapado molestias que he podido causar estando siempre presente en la vida de los demás. Parece ser que mi disposición incansable de salir al encuentro ha incomodado. No he encontrado tranquilidad en ciertas personas por más que me lo haya propuesto. La tensión me tenía en vilo y los músculos agarrotados. Les diría que eso no funciona así y que no se puede, de manera automática e inmediata rechazar a una persona que los quiere. Y como soy yo la que narra las palabras que de tanto tragar se han convertido en el plato estrella, les diría que se quedasen tranquilos por la parte que me toca. No sería capaz de hacerles daño o lastimarlos, sino que los defendería donde estuvieran. Yo los quiero, porque cuando lo digo, es porque lo siento y es un querer sincero.

Como punto de reflexión, bien es sabido que la muerte despierta sensiblería y se realzan las virtudes del muerto cuando ya no está para escucharlas porque está demasiado metido en el papel de fallecido dentro de un frío nicho o a tres metros bajo tierra. Yo no quiero que cuando ya no esté me regalen el oído porque estaré a otra cosa, seguramente. Con setenta y un años quiero saber de mis nietos, de reconocimientos y verdades por encima de todo. Ya que no me queda tiempo para falsedades con piel de cordero. Pido y suplico que todo el que tenga que decirme algo, lo haga ahora, no cuando ya no me tenga delante. Porque soy capaz de volver de entre los muertos (mucho me extraña) y zarandearlo hasta que se le aclaren las ideas. No sé cuántos años me quedan ni cómo estaré en los próximos que me quedan por vivir, pero me voy mentalizando y lo voy pensando ya. No quiero que nadie llore cuando me vaya, ni se sienta mal porque sé que es una vanidad lo voy a decir a continuación, pero tengo que hacerlo, es mi momento.

Las personas que hayan querido apartarme de sus vidas y mantener distancias frías a helar, el día de mi partida lo van a pasar muy mal, y quizás mi atrevimiento es demasiado ambicioso o atrevido de pensar, y más aún pronunciar. Estoy convencida de ello y así me lo he soñado. Sí, me he soñado con el día de mi propio entierro y puedo describir como horrorosas y desoladoras las imágenes que se me venían a la cabeza. Pude ver gran tristeza y sufrimiento en ciertas personas y no quiero que sea así, porque los sueños son portadores de su misma transformación en realidad y todo en esta vida, más en los sueños cae sobre su propio peso. Esta premonición o presentimiento y su exposición se podría catalogar por algunos bajo una gran etiqueta de chantaje emocional y hasta me he planteado seriamente hacerlo mientras siga viva.

Lo digo por experiencia y en el momento que nos falte un ser querido, la inmensidad del dolor y del vacío va a quedar siempre, aunque queramos aferrarnos a pensar lo contrario, nos estamos equivocando. Es como si el alma repudiara el cuerpo que lo alberga y más tarde se desprende de él en forma de niebla espiritual dejando tras sí un frío cadáver. Siento mucho tener que hablar sobre ello y ser tan descriptiva, pero es un libro de emociones y va a dar mucho que pensar, por un lado. Mientras que, por otro lado, queridos, os aseguro que me proporciona una libertad inmensa sacar y mis emociones a la luz. Estas emociones se han visto plagadas impasiblemente y censuradas por personas más frías que un bloque de mármol, distantes y ausentes emocionalmente. Para ellas era una problemática la cuestión de la expresión, pero intervengo firmemente y os digo que saber exteriorizar las emociones y comunicarlas es una suerte.

Y por eso doy gracias a mis padres una vez más, por ser puras emociones y no haber intervenido en mi transcurso natural cuando las experimentaba. Se me ha permitido creer en el poder sanador de reconocer las emociones y creer que la humanidad aún conserva un poquito de restos de fe y que no estamos del todo perdidos. Mis padres se hubieran sentido muy orgullosos al verme escribir este libro. Una lágrima me inunda el ojo y la tinta que dibuja cuidadosamente las letras baila como cisne negro sobre el papel.

No pude aspirar a la pretensión de cursar una carrera universitaria ni culminarla con títulos académicos o matrículas de honor. No deja de ser fuerte la introducción del libro, pero llegar a reconocer y practicar la gratitud, sacar el lado positivo de la vida es una auténtica lección de vida en sí, que no se aprende en una carrera. Aprendí a disciplinarme en búsqueda de soluciones y romper cadenas.

¡Ai! de las personas que glorifican el orgullo que tienen y se agarran a su ego como si se le fuera la vida en ello, que probablemente es lo que acabará pasando. Abrid los ojos y no os dejéis engañar por el siseo del camuflaje de la vanidad que oculta a la vista una serpiente que espera con infinita paciencia el momento de mayor vulnerabilidad para arrojar su veneno.

¿De qué viven los orgullosos? Si lo que están haciendo es rendir culto a la desmotivación perdiéndose momentos maravillosos en sus vidas, dando vueltas como molinos que destrozan un grano para sacar nubes de polvo, haciendo perder el tiempo a otras personas. Por orgullo, dejan de comunicar cómo se sienten, no saben qué les está pasando.

CAPÍTULO XII

MIEDOS

Tengo que asumir, resumir y reconocer que he tenido muchos miedos, bajo muchas formas que distorsionaban mi integridad a su antojo.

Y en la vida misma, en el día a día tenemos numerosos desafíos a los que enfrentarnos. Por ejemplo, mi marido tenía que salir muy a menudo en carretera y temía el viaje, el peligro que conllevaba y mi mente me hacía pensar en lo peor de un accidente de tráfico. Yo me veía también sola esos días y me sentía desolada con el ritual tan macabro que hacían mis pensamientos. Estos miedos no aparecían de manera ocasional y ojalá hubieran sido menos repetitivos, pero tuve esas sensaciones día sí día no. Un tira y afloja que me producía indigestión y estaba indispuesta. Que alegría cuando mi ex marido no tenía que salir en carretera, que alegría cuando se acercaban las vacaciones y nuestros hijos venían de vuelta de la facultad a pasar los meses de verano con nosotros. Unión y familia. Hoy por eso lo vivo y describo tan triste, quizás un poco más de lo que es, pero la memoria no me falla aún y mientras lo escribo, revivo en todos los escenarios. Hubo siempre una especie de conexión especial y afinidad entre los miembros de mi familia. La comprensión, el amor, y la predisposición en hacer el sacrificio que fuera para que todo siguiera su orden natural y mejorar día tras día.

Hace escasamente pocos días, tuve un sueño predictivo. Por un lado, puedo considerar que fue bonito. Después puedo interpretarlo desde la tristeza, y el desánimo se apoderó de mí. En el capítulo anterior hago mención a ciertas personas que han decidido alejarse de mí y mantenerme a raya poniendo distancias entre nosotros. Vivo con la frágil esperanza de que esas relaciones se puedan recuperar de alguna manera. No pretendo que sea igual que en el pasado, sino mejor todavía que antes para no volver a romperse. Y sé que no puedo, pero volvería a ese mismo instante donde me han soltado la mano, para detener el tiempo, esquivarlo y burlarme de él.

En mi sueño, un personajito pequeño, cuya identidad no voy a desvelar, me empujaba por detrás y sentía las fuerzas de sus manitas animándome a dar el paso para atreverme a pedir perdón y expresar mi arrepentimiento. Sí es cierto, que he pronunciado ese perdón, pero no tan claro como lo voy a pedir ahora.

Tengo que pedir perdón porque sé la tensión que puede ocasionar estar con una persona que está constantemente luchando con sus miedos. La persona que me acompañó tantos años no tuvo miedo ninguno. En ningún momento dejó que los miedos se apoderasen de él o le debilitasen de alguna manera. Todo lo contrario. Se mostraba firme ante episodios donde los miedos pueden jugar con la vulnerabilidad y hacernos proyectar cosas que nunca pasarán y si pasan son más inofensivas de lo que nos habíamos imaginado. Era de actuar enseguida contra el miedo y rompía con esas sensaciones. Esa persona ha estado conmigo, sabiendo la lucha que suponía para mí echarles coraje a mis miedos así que decidió tratar de quitarlos en la medida de lo posible.

¿Cómo lo hacía? Con su fuerza, con su persona, con su presencia y esforzándose continuamente para disiparlos. Mi pareja ha sido especial. Llegado el momento de él perder las fuerzas, se tuvo que alejar de mí, por lo que le pido mil veces perdón y se me queda corto. Estar con una persona con miedos que no para de poner obstáculos, y limitar a los demás, tiene que haber sido fuerte para él. Lo mismo que digo una cosa, reconozco la otra: había muchas otras cosas buenas en Sandra, para que él viera lo que era una persona entregada y lo hace a su manera.

En ese sueño le veía corriendo de aquí, allí, nervioso, inseguro. Como nunca lo había visto y lo observaba con cierta preocupación. En mi sueño, me encontraba en lo alto de una montaña vertiginosa bastante lejos del suelo. Se suele decir, y las personas interpretan que tras una separación se gana más libertad. Yo no pongo las historias a mi gusto ni para que otro se trague el anzuelo. Lo que cuento es la vida como yo la veo y cómo la siento. En ese sueño, no se veía un hombre libre, sino desorientado de un lado para otro, como si buscara algo que se le ha perdido. A veces se sentaba a descansar en una silla, a veces se levantaba y salía a correr, otras veces, se ponía hermético, alzando los hombros tensando la espalda imitando la mimética de un hombre serio y seguro, con fuerza. En mi sueño, que casualidad más irónica, contaba con el superpoder de que podía ver a través de él y por dentro, que esa fuerza era inexistente. No era cierta la compostura que mantenía por fuera.

Esa noche, entre las cuatro y media y cinco de la madrugada me levanté de la cama. Ya no tenía sueño. Estaba preocupada. Tenía los ojos abiertos contemplando la oscuridad y el silencio de la madrugada me acariciaba el tímpano. Me incorporé y senté en el borde de la cama porque me era imposible volver a reconciliar el sueño. Miraba para abajo abatida y pensativa. Con los pies asomando por fuera de la cama, rozando sus sombras con el suelo frío. Entendí lo que había soñado. Antes de despertarme me preguntaba a mí misma cómo era posible que un hombre que hoy se mueve tanto, haya estado treinta y ocho años con una mujer válida para todo. Una multimujer, una mujer todoterreno que servía para hacer de todo. Físicamente nunca creí que fuera explosiva o muy atractiva, pero visto lo visto, él sí se sentía bastante atraído por mi físico. Un físico que recogía muchas mujeres dentro de una sola Sandra. Ahora me pregunto, ¿tendría que tener muchas mujeres para hacer una completa, como Sandra?

La vida, quiero deciros que no es sólo físico, porque junto a la memoria, se marchitan, se van. Se desprenden de nosotros. Son tan pasajeros como el tiempo y las personas que ya han cumplido con su cometido y se esfuman. Sin embargo, el alma y los ojos nunca se van. Un alma sana es similar a una joya; no se desgasta por muchos que sean los años que tiene que soportar. Va a más y mejora su brillo. Se permite un momento de parón y descanso, pero no pierde esencia y es cristalina. No empeora. Con mucho orgullo puedo decir que yo he ido a más todos estos años, aunque para eso haya tenido que recurrir a una salvación alternativa, que es mi vida espiritual e interior. De otra manera no sé cómo estaría a día de hoy.

No quiero que quede y otros me vean como que me aferro a mi vida espiritual para sobrevivir. No es así. La vida espiritual se tiene o no se tiene. Tuve la suerte en mi vida de contar con un regalo divino que fue hallar mi fe. De entrada, ya estaba ahí y a medida que pasaron los años desde su descubrimiento con doce o trece años, fue a más, pero ha sido costoso por mis miedos. El miedo, razonaba y me hablaba a mí misma, no puede venir de una mujer fuerte, cristiana, católica. Los miedos vienen de otras partes. De esas partes que confunden; de las partes que juegan con una realidad desintegrada y que te hacen pensar mal.

Volviendo a los miedos, me asustó mucho quedarme sin mi marido, pero no por eso me iba a parar, solo que me ha sorprendido demasiado la separación. Me remito, cuando digo que es un hombre muy orgulloso. El orgullo, soy de pensar que no viene de buenos sitios o que el interior ha cedido a la corrupción del ego. El orgullo nos hace perder cosas importantes, nos hace no reconocer las cosas. Yo misma fui una mujer orgullosa antaño, pero en uno de mis rezos le pedí a Dios que me quitara la semilla del orgullo malo de dentro. Sabía que con eso no iba a ninguna parte. Tuve otra gran suerte de darme cuenta y no cometer tonterías llevada por el orgullo. Por esa parte estoy tranquila y liberada. En parte el orgullo sano me sirvió para ser una mujer fuerte y me respetaran por lo que soy, no por orgullosa, ni por imposición. He visto como el orgullo se ha llevado por delante personas que consideraba bastante importantes y con fuerte personalidad. He contemplado personas caerse del pedestal.

Volviendo al tema sueño, reconozco que al protagonista debí de hacerle mucho daño por mis miedos. No puedo callarlo. Ese sueño me ha revelado algo muy importante y a pesar de tener constancia de ello, quizás no lo tenía tan en primer orden.

Otra persona importante de nombrar, digna de mención y homenaje es mi abuela Pura, de la que me enorgullezco enormemente. Era un ser especial, muy luchadora y feroz perseverante en la vida. Pero no me he dado cuenta con la profundidad que tendría que haberlo hecho. Me ha dado sabia de tantas cosas. Yo tenía tanto afán de tener carrera universitaria y resulta que la mayor fuente de inspiración en mi vida era un pozo lleno de sabiduría y filosofía de vida práctica. La mujer no sabía leer ni escribir, pero en las técnicas de interpretación de la vida era una auténtica maestra.

No hace falta una carrera para saber expresarse correctamente. De hecho, esta no es una asignatura que se aprende en las aulas. Es la lección práctica de la vida, y la más valiosa a la que muchos le han dado la espalda porque se basa en la observación de nuestros valores personales. Quiero decir a todas las personas que, por cualquier circunstancia, por no poder permitírselo, por tener que abandonarlo, por tener que ponerse a trabajar, han tenido que dejar de estudiar y han fracasado como yo, que no se sientan acomplejadas. Pero sí que tengan cuidado porque a lo mejor si profundizan en ellos mismos, sí se tiene mucho que decir y comunicar a los demás.

Me gustaría decirles que no pasen los años que yo he pasado, con vergüenza, con complejos de inferioridad que me hicieron sentir que valía menos que los demás por no haber estudiado. Que sepan afrontar su realidad. Sea la que sea. Cuando digo que profundicen en su vida, me refiero a que se lean sus propias historias, pero no las que los mantiene débiles, sino que abran los ojos y vean de por qué son como son y que no se sientan rechazadas por sí mismas. Si te rechazas a ti mismo pues normal que los demás también te rechacen y si tú no te quieres, los demás no van hacer eso por ti. Hay que quererse para ser respetado por otros. Quererse y cuidarse. Cuando te quieres, empiezas a ver las cosas mucho más claras y no te sientes mal contigo mismo.

Pensando en quererse bien a uno mismo, me acabo de acordar de un hecho que me sorprendió, pero a la misma vez, dio sus frutos. Una madrugada creo que el sueño tuvo su propio propósito. Me desperté, de la nada y el sueño hasta que no solté de mi puño y letra unos versos que salieron de mi corazón no volvió. Fue desahogarme con el papel sosteniendo el bolígrafo que se movía embrujado por esa cosa tan especial y rara que tienen las madrugadas de mayor inspiración.

Dedicado a ti, Mujer

Hoy para todas las que me rodean,
quisiera darles algo especial.
Si no estás enamorada
¡Enamórate de ti misma!
¡Hazte un regalo!
Un regalo muy especial,
ya nunca esperes nada de nadie,
así nunca te sentirás sola, ni triste y
no te quedarás esperando que alguien te mire
porque tú eres todo cuanto tienes y
tienes que cuidarte,
saber que ya nunca necesitarás que alguien te susurre al oído
...
¡TE QUIERO!
Porque tú, todos los días a la hora que quieras, te lo dirás y
serás así feliz. Te sentirás mucho más segura de ti.
No se puede limosnear amor.
No se puede limosnear cariño.
No se puede limosnear afecto.
no se puede limosnear porque al final se enferma el alma.
El alma es el gran tesoro que tenemos.
Tenemos que preocuparnos de alimentarla bien.
Es importante tener salud, pero más importante es tener el alma serena y
qué este al día con tu vida diaria
el alma no la vemos, pero la sentimos

Puri Sandra Gil alegre
Mayo 2007

M. Mata

Era necesario introducir este pequeño paréntesis, pero ahora voy a seguir con el hilo de la historia de mi vida y retomar el homenaje que le estaba haciendo a otro pilar que fue fundamental y crucial en mi vida.

La abuela Pura era una persona tan buena, tan fuerte y tan explosiva, con una carga emocional grande. Lo mismo era demasiado habilidosa practicando el chantaje emocional y algo de manipulaciones bien pensadas y elaboradas, también. Bueno hacía de todo. Tuvo un trato conmigo especial porque también sabía lo que había pasado con el tema de mi madre y su rechazo durante el embarazo. Así que siempre me acariciaba cuando estábamos juntas, y en estas memorias vuelvo a tener diez años. Cogía mi cuerpito y me acercaba a su pecho tanto que notaba el latido de su corazón y el olor de su respiración. Esa persona me quería mucho. Me acercaba a su pecho en el cual me apretaba y me decía que me quería. Por eso mismo cuando tengo a mis nietos delante aprovecho todas las oportunidades que tengo para darles cariño y decirles que los quiero.

Me dijo muchas cosas importantes, hasta el punto de que a día de hoy las he estirado desde que tengo uso de razón y he empezado a entenderla desde la capacidad de absorción que he tenido como niña y de dejarme llenar de sus palabras. Me he valido de tantas cosas que me ha dicho. Me dio mucha pena que tan pocas personas de mi familia han sido realmente capaces de ver más allá y atender a la sabiduría de mi abuela. A falta de admiradores o seguidores de sus creencias, yo fui su mejor alumna y discípula. La admiraba y el timbre de voz suave, acompañada de sus característicos movimientos me embalsamaban y a mí se me hacía que la persona más bondadosa, con profundos conocimientos del arte de vivir la vida, se ha detenido única y exclusivamente para contemplarme a mí crecer. Mi abuela supo que ese camino, del crecimiento personal que exige la vida, lo emprendería sola. Sabía mejor que yo (que me pensaba que viviría una eternidad) que llegaría el día en el que en contra de su voluntad tendría que soltarme la mano. Y en vez de penar por ello, lo que hizo fue encargarse de prepararme para recibir la vida.

Si este libro cruza el umbral de mi casa, aquí comparto muchas cosas que creo que son interesantes. No quería quedarme con nada para dentro porque de esa manera mis nietos no se hubieran enterado ni de tres cuartos de la misa, y quiero dejarles este testimonio, robándole fragmentos al tiempo.

De verdad, animo a todas las personas a que busquen la forma de expresar sus vivencias y dejar constancia por escrito. Yo he buscado y la he encontrado, hoy mismo enfrente de mí hay una mujercita sensible que se entra dentro de tu piel para recoger luego testimonio tal y como tú los dices, tal y como tú los vives tal y como tú lo expresas.

Esas personas te ayudan a sacar y entender tus emociones, tus vivencias, tus errores. Hay que depurar y tener otra vez limpio el disco duro para volver a llenar más, hacer sitio y prepararnos para las cosas buenas que nos trae la vida. No es vaciar por vaciar el disco duro. No está ahí para quedarlo en vacío, tampoco hay que llenar ese valioso espacio por hacer algo. Tenemos que ser selectivos y depositar en él confianza y amor hacia nosotros mismos y después darle a cada cosa su correspondiente sitio, tengamos la edad que tengamos. Si sigo en vida el tiempo que Dios quiera yo voy a seguir llenándolo de prosperidad y bienestar. Ahora mismo estoy vaciando un espacio que ya está llenándose. En un momento determinado me tengo que parar, claro. Y reflexionar y valorar lo que sigo acumulando o lo que no quiero en mi vida. En cada instante de la vida nos vamos renovando. Y si estás en un buen momento, pero no dejas que entren las malas críticas, se va mejorando cada vez más.

Si te llenas de mal asiento y entras en un rumiero que sí existe, te darás cuenta de que podemos encontrarnos rumores falsos, dañinos, la desdicha de la envidia, la peor cara de la maldad, la ira, la soberbia. Mi abuela me advirtió acerca de ello y de que no me quedara ahí. También las personas malas tienen algo de bueno, simplemente que se están dejando llevar por el camino más fácil: reconocer lo malo como reconfortante. Conversar con mi abuela no era lineal, sino que daba un giro en cada lección, rompiendo con la película. Igual que estaba muy metida en transmitirme algo contundente, se suavizaba haciéndome ver la otra cara de la moneda en un giro de rueda que no me esperaba. No tengo nada en contra de esas personas ni las voy a modificar, pero tampoco las voy a endulzar. Yo endulzo lo bueno. A mí me han educado y me he llenado de emociones buenas.

Quizás con la edad que yo tenía no me daba cuenta realmente del mensaje porque aún me quedaban cosas por vivir, pero a lo largo de los años sí fui dándoles forma y tuvieron su impacto. Mi abuela sí pasó por muchos caminos y por alguno hasta dos veces, pegando muchos palos. Esos caminos me los iba descifrando y me los traducía para que yo los entendiera. El abanico de mi abuela era muy amplio y sabía dar todos los palos de la vida. Me dijo que tuviera cuidado con las mezclas y con las compañías porque una persona mala puede absorber a una buena y convertirla en mala o ignorante.

En mi adolescencia y de adulta también, tenía aspecto de niña pija y era muy selectiva para las marcas. Por dentro, con los años agradecí el lavado de cerebro que me hacían mi madre y mi abuela porque cada vez que me disponía a salir me plantaba delante de ellas, muy acicalada y preparada para que me dijeran lo guapa que iba. Me decían que ya no era tanto lo que llevase puesto, que sí, que era muy bonito pero que es superficial, aunque sea de muy buena materia y marca coqueta. Lo importante para ellas era que saliera con mi personalidad y carácter correctos, reflejando la educación que me han dado. Y no más cargada de joyas de la cuenta, o vestimenta extravagante porque entonces en el momento de hablar o reunirme con alguien podría pasar que estuviera más pendiente del anillo que de lo que estoy hablando, desviando su atención sobre otras cosas como por ejemplo un escote.

Mi abuela me decía que intentara siempre que me escucharan, por la linda cara que tenía y por mi forma de relacionarme y ganarme la simpatía de lo demás, que fuera elegante y coqueta, como lo fui siempre, pero llamando la atención por la forma de pensar, no por el decoro que llevase por fuera. Dejarme asesorar por mi abuela me ha dado la fuerza suficiente para verme y alzarme bonita. Además de armarme de valor y valerme por mí misma.

CAPÍTULO XIII

AMISTAD

De la amistad podría decir muchas cosas bonitas y muchas más tristes. Puedo hablar de un abanico muy amplio de experiencias, pero básicamente voy a decir que he creído siempre que la amistad es vaciarte en una persona de confianza y esa persona te cuente, con total libertad lo que quiera. Tampoco veo necesario que unas amigas se tengan que contar absolutamente todo. Es mejor ser reservado y prudente porque lo que se ha dicho no se puede deshacer y luego puede llegar el arrepentimiento por haber hablado más de cuenta. Si alguien se quiere desahogar y quiere liberarse contigo porque realmente te tiene por amigo, mejor, porque se supone que hay confianza y buena amistad.

Todo viene, de donde viene y hay que analizar para entender. El hecho de no tener amigas parte de cuando era pequeña. No estudiar, no socializar, ni tener compañeras hizo que no tuviera ninguna amiga. Ahí, en ese contexto y con esa edad es donde surgen las compañeras de colegio, convirtiéndose muy probablemente en amistades con el paso de los años. En vez de intentar acercarme a las demás y no estar tan pendiente de mi madre, siempre acompañaba a mi hermana a todos los sitios a los que iba, yo iba detrás.

Si iba al instituto, iba a acompañarla a buscarla a la puerta cuando terminaba las clases, como si fuera una persona mayor encargada de cuidar y velar por un niño. Me acuerdo de cuando se fue al internado. Iba a llevarla y acompañarla por el camino, charlando alegremente matando el tiempo. Una vez que me despedía de ella y la perdía de vista entre la multitud que se dirigía hacia la entrada del edificio que hacía de internado, bajaba la cabeza y me daba la vuelta. La vuelta a casa la hacía sola recorriendo calles desérticas.

Era absurdo ese movimiento, además que eran unas horas muy inconvenientes para estar andando por ahí sola sin más compañía que la luz de las farolas que me clonaron una sombra que me pisaba los talones.

Cuando llegó el compromiso de hacer con la Sección Femenina un curso, yo no había terminado mis estudios. Tenía nociones y referencias de muchas cosas, así que mis padres estaban tranquilos y contentos porque tenía cultura general, capacidad para integrarme en grupos y hacer vida de persona acorde a mi edad. Pero el argumento de la película seguía siendo el mismo. No tenía títulos ni reconocimientos académicos. Con la puesta en marcha de este curso, en tiempos del régimen de Franco se buscaba que todas las niñas tuvieran una mínima formación académica. O sea, cuarto de la E.S.O y una prueba de reválidas para tener el graduado escolar. Ahí, por fin conocí la amistad de un grupo de chicas que me recibieron cada una de ellas, individualmente con los brazos abiertos y yo les respondía con la misma receptividad. Conmigo contaban cinco. Nos fuimos conociendo y en poco tiempo estrechamos los lazos de una alegre amistad tejida en la adolescencia. Estudiábamos juntas, íbamos al cine, de paseo con nuestros correspondientes novios. Ahí empecé a sentirme mejor conmigo misma, con más autoestima y hasta mejoraron mis notas.

La felicidad de poder contar con alguien, ponerle nombre, llamarla amiga me llenó de ilusión y entusiasmo, así que seguí adelante con la amistad tan bonita que construimos.

Yo he creído muchísimo y he dado todo en la amistad. He recurrido a mis recursos, tenía interés por ellas, les he dedicado tiempo de calidad con toda la ilusión del mundo. He creído en ellas como en las buenas personas que eran con una amistad con un futuro prometedor. Para mí era lo más parecido a ese tipo de vínculos que no terminan nunca y con la edad estaríamos acordándonos de cómo fuimos o cómo nos habíamos conocido.

Con los años, y cada una con su casa, su familia y circunstancias personales, seguimos conservando la amistad y estaba contenta. Ellas confiaban mucho en mí y vertían en mí, todas, sus vidas como si me estuvieran contando un cuento con lujos de detalles. Yo, no podía contar gran cosa ni añadir nada en la mayoría de las reuniones porque éramos muy diferentes unas de otras. Siempre me he reservado con prudencia y discreción. Hubo cositas que me guardaba para mí, sobre todo si estaba relacionado con mi madre. Eran pocas las personas capaces de entender lo que nos unió desde su gestación. De haber dado voz a mis pensamientos, seguro que la mitad de ellas ni me hubieran entendido y lo más seguro era que acabarían juzgándome. Podía dar pinceladas y participar en la conversación para aportar y que ellas también me conozcan. Pero ¿qué más quieren que les cuente? Penas desde luego que no. Llevaba una vida feliz lejos de tantos malos rollos.

En mi libro, sí hablo de mis circunstancias abiertamente y sin miedos, pero en el terreno de la amistad no entraba a profundizar. Prefería relativizar y guardarme el pastel para mí. Ellas, en cambio, me lo han contado todo, con pelos y señales con numerosos detalles muy personales y privados. Y cuando digo que me contaban todo, no se han quedado nada para ellas.

Tenía un grupito consolidado de amigas del curso que realizamos años atrás, otro grupito de mamás que nos conocimos a través de los niños cuando los llevábamos y los recogíamos del colegio. Saludarnos, vernos en el mismo sitio todos los días, nuestros hijos compañeros de clase ha propiciado un acercamiento afable. Esas madres acabaron siendo mis amigas. Todas me buscaban para contarme casi siempre más de lo doloroso que ocupaban sus vidas que de lo bueno, así acabé muchas veces llorando por sus desgracias como si fueran las mías propias. Por un momento me absorbían y me ponía en su piel, sin tener por qué hacerlo. Me he tomado demasiado en serio el papel que me asignaron como vertedero de sus calamidades, donde todo era oscuro y muy negativo. Andaban metidas en un túnel sin salida con bóvedas en depresión y paredes carcomidas por el desaliento. Nunca he buscado a una amiga por aburrimiento ni por interés, ni para chinchorrear o hablar de nadie que no estuviera presente. Jamás he actuado como para hacer algo y recurrir a ellas porque sí, porque me aburría en mi vida.

Acabé hasta la coronilla y hasta las mismas narices de oír penas y tristezas en bucle, por las mismas bocas envenenadas de siempre porque sus historias me han dolido mucho. Eran acontecimientos fuertes y crueles con una imagen grotesca que se queda grabada en la mente y no pedían otra cosa que la destrucción o el total olvido. Incluso trabajando me han buscado, pero no eran amigas en este caso. Eran almas que acudían a mí para templar su tristeza, y yo, realmente lo hacía encantada. Siempre lo hice con mucho gusto, y el gusto era todo mío. Ayudar a las demás y aliviar sus disgustos templaba mi cruz y me alimentaba la bondad que llevaba por dentro porque ayudaba siempre desde la empatía y con muchísimo cariño. Al final, creía en las personas. O quería creer que aún quedaban buenas personas.

Este año, estamos atravesando un mes de mayo algo caluroso. Hace como siete meses que he iniciado la aventura de drenar letras al papel y todo mi esfuerzo se está materializando según lo esperado cumpliendo mis expectativas. Los resultados cristalizan rápido cuando el objetivo está claro. Me encuentro con que todo lo que no escribí siendo pequeña en diarios lo estoy haciendo de mayor y así estamos que cuando oigo la palabra amistad, me da repelús y desde mi sentido de la coherencia brota la más dulce indiferencia que a la vez me hace doblar, en un acto de rabia los dedos de las manos como si fueran plastilina manejable, o una artritis me los estuviera deformando. Me da una sensación de mala leche, impotencia y me hierve la sangre.

Me pregunto cómo es posible que no haya habido ninguna de mis amigas que cuando más he necesitado, no las he tenido. A mí esas personas, en realidad no me han dejado de lado ni han roto la amistad. He sido yo la que se ha distanciado por sus formas de ser y actitudes que han tenido conmigo. Me afectó tanto que me llevé el problema hasta el confesionario y que Dios me oyera. Tenía un nudo maligno causado por las amistades, que me tuve que llevar hasta Lourdes delante de un sacerdote francés que después de escucharme me dio la razón y me aconsejó lo siguiente, llevando la conversación fuera del perímetro de la caja de madera antigua robusta que hacía de confesionario:

"una persona que mantiene a una amiga, aunque sea cruel, no debe seguir siendo su amiga. Si te altera, si te hace sobre pensar, si te hace rumiar una contestación peor de la que te ha dado, entonces debe alejarla del camino de su vida".

No he necesitado, gracias a Dios, a ninguna de mis amigas. Tenía en mi casa todo lo que necesitaba y por suerte, una hermana amiga. No hermana por la cuenta que me trae que sea sangre de mi sangre, sino una hermana amiga, con la que podía hablar de todas las cosas, contestar y estar en desacuerdo, debatir y compartir conclusiones. Las dos solas. Y hago hincapié en la palabra solas, porque cuando quieres contar algo a alguien tiene que ser entre dos, no en presencia de terceras personas. Solas, refiriéndome a la persona preocupada que va a escuchar a la amiga que tiene un problema y lo quiere hablar, lo quiere llorar en el hombro de su amiga, lo quiere expresar para liberarse, sin testigos. Dos personas con lealtad y compromiso. Porque entonces pasa que ese problema ya no es un secreto y quizás la persona que tienes enfrente no quiere contárselo a nadie, más que a ti, sin cohibirse ni sentirse culpable, así que encárgate de ir sola si así te lo piden y saber guardar su secreto.

Esto no lo he aprendido en ningún libro. El único libro que tengo entre manos es el que estoy escribiendo. Tengo que decir la verdad: he rechazado muchos libros con gran contenido, pero no me han enseñado nada nuevo y soy una mujer que se ha hecho a sí misma siguiendo la educación que me han dado y mi intuición. Nunca me he leído guiones o consejos de manual de autoayuda o cosas parecidas. Me he guiado por mis sentimientos. Todo lo que he sacado bien o mal, dicho o no dicho o lo que me he atrevido a decir ha sido por lo que otras personas me han transmitido. Me baso en ello desde que nací.

Cuando consideré que llegó la hora de compartir con mis amigas lo que estaba pasando en mi vida en el momento de la separación no pensé que saliera la curiosidad de ellas, el chinchorreo y la maldad por tirarme de la lengua. Si por lo único que se tenían que preocupar era de si las necesitaba. O al menos no castigar mi dolor a conclusiones que han sacado por sus cuentas sin escuchar mi versión. Han tirado por el camino del marujeo diciéndome que, si hubo otra mujer, por eso mi marido ha dejado de quererme, que el amor tan bonito del que les hablaba acabó en separación, que con cuánto dinero me quedaba y que, si ya compartía mi lecho con otra persona, etc. Preguntas que a mi no se me hubieran ocurrido hacerle a una persona recién separada porque duele y uno no está de humor para bromitas de mal gusto.

Me han tenido, todas, engañada. Eran destructivas. No eran cosa buena como para tenerlas al lado. No se puede engañar más a una persona que cuando te estás usando o sirviendo de ella como si fuera un objeto de usar y tirar cuando ya no sirve. Se nos han ido veinticinco años de amistad y ninguna se ha preocupado en conocerme o ser buenas personas conmigo, en la misma proporción que yo he sido con ellas. No pedía más.

Que poca gracia, que poco sentido común, pero voy a reservar mi opinión para un mejor lance. Que poco me han conocido en estos años, por dios. No sabía si alzar la vista hacia el cielo para darle las gracias a Dios por haberme abierto los ojos, o agachar la cabeza en señal de vergüenza ajena al darme cuenta de lo que estaba rodeada y encima las llamaba amigas. Pero hay que actuar enseguida y alejarse cuando la confianza no es correspondida y más que beneficiarte puede suponer un estropicio y más todavía en un momento de vulnerabilidad. Dos palos seguidos de tal calibre (separación y fracaso amistoso en toda regla) sumergen a quien sea en un pozo de desesperanza donde la desilusión llega hasta el cuello en forma de tentáculos oscuros y la presión del agua oprime el pecho. Esos cimientos que pensaba que durarían para siempre resultaron demasiado frágiles. No soportaban el peso de la reciprocidad por lo que se fueron desplomando en mis propias narices, desgastándose hasta quedar reducido a escombros y polvo que mancha el alma.

Fue cuando me di cuenta que una relación de amistad no es valiosa por sí sola y de forma asilada ciñéndose simplemente a una definición cuyo alcance abarca sólo la teoría de los hechos. Fui yo en todo momento la que hacía posible esa unión. Me di cuenta que yo era amor, bondad, unión y antes que malgastar mi buena predisposición y herramientas, me las guardé para mí que era la que más lo necesitaría para salir adelante. A fin de cuentas, tenía que superar una separación que, si por mi hubiera sido, no se habría dado si no fuera por excepciones mayores, claramente, porque estaba enamorada de aquel hombre que me hizo sentir la mujer más importante del mundo junto al que he criado a dos hijos maravillosos.

Nadie tenía derecho a opinar ni especular sobre mi separación porque ahí estaba yo para aclarar el asunto, que estaba en boca de quien no debía y había que defenderse. Nadie mejor que yo sabe que he disfrutado de una vida sexual plena, un amor correspondido, unos recuerdos maravillosos, una pasión en el matrimonio que he compartido con un hombre que ha volcado su atención y su cariño en mí, en la educación y crianza de nuestros hijos, en la construcción de nuestro hogar, una familia siempre unida. Fue perfecto.

CAPÍTULO RESULTADO

Es la experiencia que he tenido y no tengo otras palabras para describir la repugnancia que me provoca escuchar la palabra amistad. Ahora, sí tengo algo que decir y es que si tengo a alguien delante me guardo dieciocho cartas para evitar que me peguen con el mismo palo, en el mismo sitio.

Cada cual sabe lo que tiene o lo que no, y porque están casadas. Me han demostrado que muchas de las que están casadas es por interés. Claro pues, es asegurarse de vivir una vida muy cómoda donde no echan nada en falta. Tienen un hombre en casa para hacer lo que se tercie todos los días que les da la gana y una nómina, de la cual, una parte es reservada para ellas. Yo no he estado ni estaré jamás con un hombre para que me pague algo. Es lo que me ha enseñado mi madre y mi abuela: no desperdiciar mi vida por un hombre con dinero, y menos casarme e hipotecar mi vida a cambio de su dinero. La abuela me decía que, si me casaba, tenía que ser por amor puro y llano, no por conveniencias entre ciertas familias ni matrimonios concertados con dinero de por medio.

A mí que no me cuenten historias que me las sé todas. La palabra amistad, para mí, es muy grande y profunda. Cuando escucho a la gente ser tan permisiva con las amistades y a cualquier conocido llamar amigo, cuando por detrás hasta se pueden alegrar de si le sucede una desgracia, me da vértigo. Que las hay. Muy especiales amistades, que las habrá que se hayan consolidado en un período muy corto de tiempo. Que suerte, aquellos que les salen amigos de la nada porque yo desde luego me creía que las tenía, porque por más que he dado por esas amistades, me salió mal. Desde que nací pensaba que, si quieres a las personas, te preocupas por ellas, eres amable, cariñosa, detallista, eres amistoso, el vínculo no se rompería jamás. Tenía que ser una amistad segura, pero esto no funciona así. Llega un momento en el que la persona que tienes enfrente se acomoda contigo. Se siente tan a gusto que no tiene por qué preocuparse por ti. Sabe que te puede echar lo que quiera, sin enfadarte. Te conoce tan bien que ya sabe lo que te molesta o no, y si realmente te molesta, juega con la baza de que sabe igual que tú que no serías capaz de decirle que no por no enfadarlo o perder el compromiso, o para evitar que te señalen como el raro, como el malo y como el que se lo toma todo a la tremenda. Te da por sentado, y es una vergüenza. Antes de convertirme en un ser malo, porque en el momento que estaba vulnerable y con la herida abierta, a la que no paraban de echarle sal, podría haberme convertido en una mala persona como venganza para rebotarles y que prueben de su propia medicina.

Además, que voy a decir una cosa y es que tengo dos problemas. El primero son mis ojos y el mensaje que transmito a través de mi mirada fija, cargada de profundidad y franqueza. Si se los planto a cualquiera, se puede sentir desafiado y los sigue mirando, me mantiene tiene la mirada como un rival en términos de igualdad. Si no lo digo ahora, me iré a la tumba sin haberlo dicho. Mi propia abuela se plantó delante de mí para explicarme como hacer buen uso de ese don. Me dijo seriamente, y no podía ser de otra manera que, mirándome fijamente, antes de mi primera comunión que tuviera cuidado con la manera en la que clavaba mis ojos en alguien, porque puede abrir puertas a interpretaciones y pensar de todo. Me dio un toque de atención y creo que no lo hizo queriendo, pero me asustó.

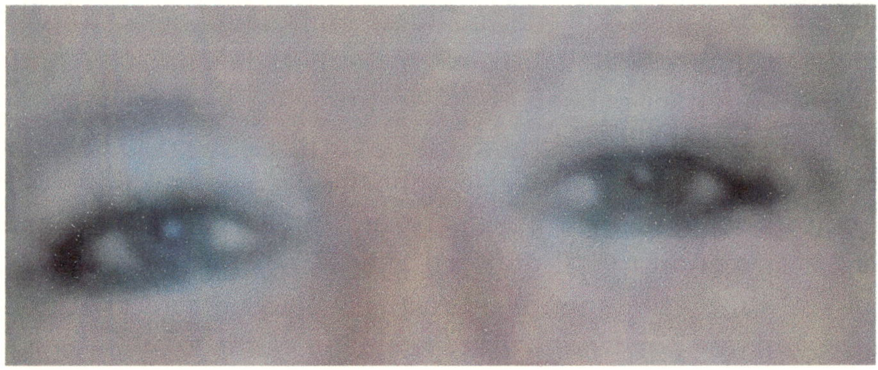

El otro fallo o problema que tengo es que lo mismo de buena se aprovechan y se creen que tienen potestad de tomarme por tonta, que lo mismo puedo actuar con mucha maldad y con dos palabras bien dichas, dirigidas a donde tienen que ir, puedo fundir a la persona que me proponga. Sé lo que decir para hacer daño sibilinamente y cargármela. Las dos cosas las he experimentado al mismo par. Pero ese lado malo, no es una virtud, es un problema.

La empatía y ponerse en el lugar del otro es un arma de doble filo muy sensible porque te abre una puerta y te muestra su lado más débil. Somos igual de débiles que el punto más débil que tenemos y mostramos con total naturalidad. Si lo ofrecemos en bandeja a alguien, lo que estamos haciendo realmente es guiarle gratuitamente. Es señalar con nuestro propio dedo el sitio exacto donde hay que dar, la persona que no hay que tocar, la herida que aún no ha cicatrizado. Nos abrimos con las personas y les indicamos por dónde no hay que ir con nosotros. Nos pensamos que, al hablar, nos sentimos escuchados y nos liberamos de un pensamiento que no deja de dar guerra y choca con otros pensamientos que en ese momento ronda por nuestras cabezas. Lo que realmente sucede es que una persona perversa filtra la información por el embudo de la destrucción y estudia nuestras debilidades. Es justo donde después ataca. No va dando palos de ciego porque nosotros, inconscientemente ya le hemos indicado las coordenadas.

He vivido muy puesta en hacer el bien, ser buena persona. Soy muy observadora y analítica con mi entorno y no soy buena por hipocresía ni falsedades, que me repugnan más aún y me echan para atrás.

En la amistad se corre un riesgo muy grande. Al igual que a mis amigas las he arropado con todo el cariño del mundo también les he podido encender cosas, meter tanta leña que no quedara más que cenizas, y meterles caña. Hasta hacía de mediadora, porque me lo pedían. Accedía de muy buena fe y con un cuidado escrupuloso, eligiendo mis palabras para luego a la hora de despedirme sea con un *"gracias Sandra"* que nunca ha rozado mis oídos. Cuando he visto que más he necesitado a mis amigas, no me han preguntado cómo estoy y han malmetido. Si no me han visto llorar delante de ellas, han dado por hecho el *"bueno, pero seguro que habrás llorado mucho,* ¿eh?, *mujer."*

Cuando las he necesitado no las he tenido. Ha sido muy doloroso. Les decía que en el fondo era feliz y les rompía los esquemas. Se preguntaban ¿cómo es que yo no me derrumba como otra cualquiera al tener que enfrentarme a una separación? Sentada, sola, pensando me dije a mi misma que era feliz. Muy feliz de hecho. Sabía que era el amor, tuve dos hijos, lo di todo. Eso me calmaba, no me he rebelado contra nada. Es más, me he encargado de asumir e interiorizar que las cosas son como son. Si me pongo escrupulosamente a meditar y desmenuzar pensamientos, salen culpas que antes no veía. Y pido perdón, no el terreno de la amistad.

Ahora sí sé que tengo que reservar el gran pastel para mí. Yo he cogido la harina, he cogido la sal o el azúcar, dependiendo del bizcocho, y la levadura.

Yo he limosneado amor. Mi materia prima, con los padres que he tenido, no podía ser de otra manera ni hecha de otro ingrediente. Y yo sé limosnear mucho amor. Soy una persona que va detrás de la gente y a lo mejor supone un gran error, un gran defecto, porque las personas se aprovechan cuando no te toman por una persona empalagosa o pesada. No me refiero a mi ex marido. De haber sido más brava, hubiera ganado más terreno a mi favor, pero no me lo podía permitir porque me hubiera convertido en otra Sandra distinta a lo que era, por lo tanto, hubiera distorsionado a la mujer que soy, y a estas horas estaría perdida. Y yo a día de hoy no estoy perdida.

Pienso en mí, y en el respeto que me tengo. Hoy estoy como estoy, por el respeto que me tengo. Nunca he hecho cosas superficiales, cosas que dieran que hablar, ni mucho menos para quedar por encima de nadie o quedar bien.

CAPÍTULO EMPATÍA

Creo que existen las malas personas, sin empatía, sin saber qué es el amor hacia los demás ni hacia ellos mismos, sin dar señales de compasión con intención de hacer daño a conciencia siendo deshonestas consigo mismas para empezar, y con los de su alrededor. Pero a esa persona no hay que achantarle culpa ninguna porque forma parte de su aprendizaje y al final lo que ha vivido o la manera en la que ha crecido se ve reflejado por fuera. Por eso es importante detectarlas, aunque no sea fácil ya que viven bajo apariencias de otras máscaras que ocultan su verdadera personalidad. Tras identificarla es importante darse cuenta de la necesidad de establecer unos límites claros y tomar distancia para no salir perjudicados, no dejarnos embaucar y que nos arrastren a su terreno pantanoso. Debemos tener claro dónde estamos, cuál es nuestro lugar y estar preparados para defendernos poniendo límites sanos.

Yo me alegro por los demás, lo que más quiero en el mundo es el bien de la gente, disfruto con lo bueno de las vidas de otros y ayudo siempre que puedo, y no hace falta ni que me lo pida, sino que me ofrezco. Lloro y me decepciono con lo malo, aunque no sea de la familia ni tenga amistad o enemistad declarada. Lo mismo soy demasiado emocional, a lo que me propusieron que cambiase y me negué. Me parecía absurdo cambiar después de todo lo que había alcanzado y los resultados más prósperos que había conseguido. No pienso cambiar que bastante maldad hay en el mundo y no voy a aportar ni un grano a ese arenoso y canceroso bulto. No puedo presenciar un mal trato, ver un vagabundo, una persona triste. Siempre he sido así porque he salido coja de algunas cosas, lo que me empuja a ser y actuar de manera emotiva y excesivamente sentimental.

Lo que sí tenemos que recibir con los brazos abiertos y dispuestos a respetar es una mano amiga incondicional y de confianza. Con lo que cuesta ganársela, es un bien muy preciado, que por desgracia escasea, junto a la lealtad. Pero no todos compartimos el mismo concepto o no sabemos desmigar hasta dar con su esencia, resguardarlo y cuidarlo para que perdure en el tiempo y sea un hecho maravilloso para vivir.

Un abrazo que viene de un amigo tiene efecto terapéutico o aliviador inmediato. La persona que lo recibe se ve acogida por unos brazos que han decidido rodearla para hacerle saber sin decirlo con palabras: *estoy aquí, cuéntame qué te pasa hasta donde puedas o quieras, ¿cómo te puedo ayudar?, ¿qué puedo hacer por ti?* Con esto le damos opción a una persona dolida de abrirse con nosotros y justo después de soltarla, sollozar liberación, llenándonos de la alegría del momento. Los abrazos liberan dopamina y serotonina generando sensación de bienestar y felicidad donde dos personas se unen en un gesto de acercamiento íntimo, fortaleciendo una conexión emocional de otro calibre.

Me considero una persona bastante cercana en relación a las personas que quiero hasta tal punto de haber podido agobiarlas. Así que es mejor pararse a observar lo que tenemos enfrente porque si una persona no es receptiva con el cariño que se le va a entregar puede sentirse incómoda o pensar que has actuado como intruso de su espacio personal delimitado o esa cercanía la tiene aún por descubrir, sin estimular. Mismamente es posible que no crean en esa sensibilidad, cosa que no le hace ni mejor ni peor, ni al emotivo ni al distante, sino que son facetas, actitudes y formas de ser dignas de respetar.

Registrar varios fallos en el sistema, que me han descolocado un poco y tras este duro episodio de rumiar mi separación, rota por dentro, radiante por fuera, he llegado a un punto de inflexión importante, sacando mis propias conclusiones en relación a mi manera de ser: muy amable, espiritual y muy cariñosa y he pensado compartir con vosotros en estas páginas mis experiencias y el hecho de que hay que tener cuidado porque si alguien proviene de una familia fría, y ya viene con la lección aprendida le puede resultar molesto ese acercamiento que viene de fuera y no lo ha vivido dentro del núcleo familiar, por lo que puedes provocarle más un estropicio que un adelanto. Cabe la posibilidad de que se aleje aún más o simplemente te evite intencionadamente. Yo sé que lo he hecho y ha podido separar más que juntar, pero hay personas que mientras más cariño han necesitado, menos le han dado. Hay que entender a la persona que tienes enfrente porque desconocemos sus circunstancias personales.

Pero, por otro lado, ¿me corto de transmitir emociones para gustarle a otras personas? No puedo. Admito que no pensé en ello cuando lo hacía, me salió natural. El peso está entonces, descompensado. Tiene que haber un equilibrio entre lo que digo y lo que hago. Eso se proyecta inmediatamente en cómo voy a pasar a la acción: si me muevo por lo que digo, con firmeza y decisión.

Hablo del peso de las palabras y los hechos porque justo me acabo de acordar de una balanza que usaban mis padres en la carnicería para pesar la mercancía. Tras varios años usándolo y desde los trece años llevo un peso incorporado en mi cabeza, intentando siempre buscar un equilibrio y equivalencia, medir los hechos y sus consecuencias y que un platillo no tuviera más carga que otro. Calibrar las emociones sin darle demasiado pie a las malas, y reconocer los beneficios de las buenas velando por potenciarlas.

Aprendí de primeras y solita, con el peso de la carnicería de mi padre de color dorado, a pesar un lápiz colocando en una de las balanzas el peso más pequeñito. Personalmente dar amor y afecto y ver que ha salido mal, es un fracaso muy grande, para mí, que soy la que ha dado y quizás me he equivocado al pesar la intensidad de mi entrega. En ese sentido he salido a mi padre, muy cariñoso porque a mi madre los abrazos había que ir a buscarla y dárselos. Ya siendo adulta se dio cuenta de lo que yo demandaba, y fue ahí cuando me respondió, como reacción primera, muy tierna, muy afectuosa. Para todo hay una primera vez en la vida. Para lo bueno y para lo malo. Y la chispa de esa primera vez no se olvida jamás, sino que es una fuente inagotable con la que fantasear.

Las personas emotivas y sensibles guardan muchas cosas, pero hay que reconocer que ciertas personas no saben comunicarse, perdiéndose la posibilidad de darle salida y exteriorizar esas emociones. Si una cosa no se comunica, los demás no saben qué le duele o qué le pasa, perdiéndose una valiosa oportunidad.

Este es un motivo más que me ha animado a escribir este libro, conocer la liberación y los resultados de decisiones buenas y otras desafortunadas, pero de la que al fin y al cabo se saca una lección y, sobre todo, voy a seros sincera cuando os digo que esto no podría haberme parado hacerlo hace cinco años atrás porque el llanto y el dolor de los recuerdos me lo hubiera impedido. He invertido más en cuidar y trabajar ese llanto para ahora poder hacer lo que estoy haciendo, sin quebraderos de cabezas. Me estremecen ciertos pasajes de los fragmentos que voy uniendo, pero ya no me bloqueo y la sensación de soledad que me impedía verter una sola palabra sobre papel se ha asustado de la fe que llevaba dentro, la fuerza y la determinación con la que siento al hablar, y ha desaparecido. Pero aquí estoy cuando podría estar perfectamente en otro cualquiera, o destruida porque no se puede explicar con palabras el dolor de estómago, que no sabes dónde meterte para evitarlo y no sentirlo. Te duele hasta el alma.

CAPÍTULO XIV

NIETOS

Este libro no podía escaparse sin hablar del tema nietos.

Los nietos han sido toda mi vida una espera bonita. De ver que mis hijos han realizado algo importante en sus vidas que es elegir a sus parejas y decidir formar una familia. Sus hijos no han llegado así de improviso. Han pensado cómo unir las cosas y traerlos al mundo en el seno de la familia.

Yo quisiera transmitir en este libro lo que son para mí los abuelos. Los abuelos no están para malcriar a los nietos y los nietos no están para llenar sus días aburridos. Los abuelos no están para decirles lo que les venga en gana. Los abuelos deben basarse en cómo están educando los padres a sus niños. Los abuelos para mí y por consiguiente para los niños, son especiales. Un niño que tiene su papá y su mamá, sabe que hay otra persona que lo quiere exactamente igual que su padre y su madre, pero esa persona no puede cambiar las formas de como lo están educando a sus padres.

O sea, una abuela no puede salir con cosas extras porque no le van bien al niño. Guardarle secretitos a espaldas de los padres cuando hay cosas mal hechas. No acostumbrar al niño a darle dinero, consentir lo que los padres no están dispuestos a pasar por alto, etc. Lo que tienen que hacer los abuelos es darles amor. Todo el amor posible. Los abuelos están muchas veces para solucionar temas si los padres tienen que moverse y facilitárselo en la medida de lo posible.

Yo por ejemplo tengo la gran suerte de ver a mi hijo y a mi hija muy comprometidos con sus cónyuges en la educación de sus hijos. Personas que valen mucho y son para ponerles la máxima nota. Por parte de mi hijo me ha dado una nuera que ha sido algo especial con su hija. Le tengo un respeto muy grande a esa persona porque he visto lo buena madre que es. La idea que ella tiene de lo que es ser madre y estar con su niña en todos los momentos incluso apartar su vida profesional. Para ella está antes su hija que la profesión. Por parte de mi hija puede decir exactamente lo mismo. La entrega de mi yerno a la educación de su hijo, ambos haciendo muy buen equipo con las mismas expectativas de futuro. Mis nietos viven en un entorno muy estructurado basado en la reciprocidad, paciencia y el calor que desprenden los abrazos de unos padres maravillosos. Hijos, marido y esposa, padres como carta de presentación, profesionales que viven plenamente sus vidas y gozan con el trabajo que tienen.

Desde mi postura como abuela me siento orgullosísima de ver crecer a mis nietos en el seno de las familias que han construido mis hijos, cuidándolos y educándolos para enfrentarse el día de mañana al mundo y a la vida. Pero la abuela para mí ha sido muy especial. Era esa abuela con la que un niño habla sin problema, sin tapar ni ocultar nada y con una confianza enorme. Entonces para mí, la figura de la abuela es muy importante. Pero siempre en tercer lugar. Bastante lejos de los padres. Y si los padres quieren una cosa para sus hijos cuando los dejan al cuidado de su abuela, es lo que se hace y los abuelos deben cumplir. Y hacerle ver al niño que no va a tener conchaveo con la abuela, que hay que respetar la decisión de los padres y aunque ellos no estén, no ir en contra de su forma de educarlos o darle caprichos al niño. Así es como hay que educar al niño. Un abuelo es una prolongación. La prolongación de la gran suerte que tiene un niño de tener a sus padres, que Dios los bendiga.

Los abuelos son una prolongación más del amor. De que un niño sepa que tiene a más personas aparte de sus padres, y que están dispuestas a hacer lo que sea por ellos. Pero nada de hacerse la graciosa como he conocido a muchas dándoles cosas que los padres no quieren: comer a deshoras o mal, darles dinero, no respetar sus horas de dormir, etc. Yo al menos si estoy en duda con algo y antes de meter la pata cojo el teléfono para consultar a mis hijos primero si a mis nietos les permiten o no hacer tal o cual cosa. Que siempre vea el niño que está supervisado por sus padres, aunque no estén.

Otra cosa importante por decir que es cuando observas a tus nietos, en ellos hay una prolongación de tus hijos. La forma que tienen de mirarte, de hacerte sentir es la que no quiero perderme por nada del mundo. El ver el tiempo pasar y la edad que tengo pues sí que me pongo triste. Uno ya sabe que son pocos los años que quedan para disfrutar de todo, pero la vida es así. Ojalá y estos años que me quedan los vea crecer. Me acuerdo mucho de cuando mi abuela decía *"me voy a perder lo mejor"*. Pero no, no se perdió lo mejor. Estuvo ahí, me vio crecer, me acompañó y disfrutó de mí hasta el último momento. Lo que sí me gustaría decirles es que contaran conmigo para todo y me hagan participar en lo que ellos quieran y vean que puedo aportar.

Tengo que decir en este libro que seré la abuela que rompa con cadenas, que nunca jamás le haría daño a ninguno. Jamás. Y que lo más importante para mí es la felicidad de mis hijos. Entonces también implico, si alguien está leyendo el libro que si no están las cosas bien o no funcionan por alguna razón que sepan que los hijos saben cuándo la madre estuvo dándole todo, aunque no esté. Y que hay abuelas que sufren mucho por no estar, aunque estén desde la distancia. No hay abuela que no esté rezando o esté pidiendo por sus nietos. Lo único que sí es verdad es que es una pena porque se están perdiendo esa parte de recogida de su gran emprendedura en la vida. Han estado luchando por su padre o madre y ahora quisieran estar disfrutando de sus nietos, pero no pueden. Igual le diría, a la madre o padre de los niños y a esos niños y es, que llamen a esa abuela por teléfono, que le cuenten, que le pregunten. Porque una abuela sufre mucho, aunque diga siempre lo mismo *"no te preocupes que yo estoy bien"*.

Tengo la suerte de ver el amor incondicional de mis hijos hacia los suyos. A mis hijos y lectores les diría que si se percatan de lo más mínimo pues traten de subsanar las cosas cuanto antes porque los años son importantes. Lo que también les voy a decir a mis hijos y a sus parejas a continuación es muy fuerte. Muy fuerte. No esperéis hijos míos a que llegue el día en el que yo falte para ese día traer flores a mi tumba. Quiero flores a partir de hoy. Hoy exactamente es día nueve de julio de dos mil veintitrés. Yo os pido y os hago saber en este libro, en la fecha indicada, que quisiera recoger cada día una flor de esas que suelen mandar cuando una persona se muere. No quiero corona ninguna de flores. Que no se gasten ni un duro en comprarlas. Las quiero a partir de hoy, las necesito y las pido urgentemente porque dejar las cosas para otro momento o mañana conlleva que puede ser que mañana no se realice nada. Pido un momento, un rato, un suspiro, un achuchón, una alegría.

Quiero tener lo máximo posible cerca a mis nietos. ¿Sabes para qué? Para que se den cuenta de la suerte que han tenido con los padres que les han tocado. Solamente para eso. Quiero quedar escrito el mensaje que mi abuela me repetía constantemente "qué *suerte has tenido hija mía de tener los padres que tienes"*. Así me hacía inclinarme más a mis padres y darme cuenta de que dejar las cosas para más tarde era pagar un precio muy alto, porque lo mismo a los cinco minutos mis padres podrían no estar. Nadie me había hablado así de crudamente. Era crudelísima. Era fuertísimo lo que me decía mi abuela. Me hizo ver la importancia del palpar de las manos de las personas cuando te dicen *"te quiero"* a través del contacto físico.

También tengo una petición que dirijo cálidamente a las personas que no están hoy conmigo. El día que me mueran no vengan a mi entierro porque sería vergonzoso. Lo que yo sufro hoy y llevo años así, no se suple con venir a derramar dos lágrimas el día que yo esté. Ese día no quiero a nadie. Ahí me toca emprender un camino. Ya me habré ido junto a mi fe y religión; mi espiritualidad será la única que me acompañe.

Reconozco que me da mucho miedo hablar de esto porque la muerte es separarme de mis hijos. Sé que tengo mucha ventaja con mi fe, pero me doy cuenta que los necesito. Yo nada más que necesito a mis hijos y lo único que les digo es que el día que me muera no lloren. Que se sonrían. Pero para que se sonrían, antes deben tener muy claro que no hay ni un solo ángulo descubierto que hayan dejado de hacer conmigo. Y lo digo por experiencia. Si el alma de un padre se dispersa con su muerte, es cuando se va a saber cuál es la limpieza con la que hemos vivido, con qué limpieza hemos sentido y hemos hecho las cosas. Se va a saber, pero yo quiero saberlo antes. Soy muy egoísta. Cuando rezo y le hablo a Dios le reprocho y le recuerdo que está tardando. Esta forma de actuar no se contempla en una persona cristiana. Una persona cristiana no debe de rezar así, pero yo lo hago. Se lo pido a Dios. Necesito, necesito tener todavía más a mis hijos. Y no pueden estar más de lo que están, pero cuando pienso en la muerte no pienso en el miedo de la muerte. Pienso en que me voy a separar de mis hijos. Tampoco quiero que sufran, quiero que sonrían.

Porque lo he vivido. He estado sufriendo toda la vida pensando en la muerte de mi madre. En que cuando se muriera mi madre yo iría detrás y no fue así. Tuve la suerte de que alguien me dijo y me avisó de que estaba tardando en hablar con ella porque en cuanto se me fuera el impacto en mí sería inmediato. Así que con mi madre he llorado, con ella me he reído, la he abrazado, la he achuchado, nos enfadamos. Para mí, llegado el momento era impensable despedir a mi madre con una sonrisa. A mi madre no la vi con el impacto de la muerte. La vi sonriéndome por encima de nosotros y diciéndome *"mi Puri»*, como me decía siempre con su rostro inundado por una sonrisa.

Quiero decirle a la persona que tenga su madre en el mundo que le hable, que la quiera, que la disfrute, que la respete y se encargue de atar cabos. Ya no dejarlo para otro día, no dejarlo para otra vida, que no la tenemos asegurada. En esta vida todo se multiplica, lo bueno, y lo malo. Hay que hacer a la madre partícipe de todo. Sea bueno sea malo y te guste o te deje de gustar contarle algo fuerte que te ha pasado, una madre te va a dar solución. Si se enfada y te riñe es porque le está doliendo lo que le estás contando, pero inmediatamente vas a tener la reacción de la satisfacción y del alivio por compartir con ella. Tu madre es la persona que más te puede querer. Ya sea más retorcida, más buena, más mala, deberíamos ponernos delante de ellas y hablar claro. No quedarnos con nada por decir porque las palabras se las traga el tiempo delante de nuestras narices y no hacemos nada por impedírselo.

Gracias a mi abuela que me enseñó la importancia del tiempo y de no dejar las cosas para mañana. Gracias a ella hasta he llegado a querer más a mi marido. Lo observaba mientras él me contemplaba, me hizo darme cuenta del gran hombre que es y de lo que me quería, de la buena pareja que hacíamos juntos y cómo nos compenetrábamos. Si se hubiera percatado de que no hay amor, me hubiera avisado de ello y animado a dejarlo. Una persona que vivía en un contexto donde la separación no estaba bien vista hubiera querido antes verme separada que infeliz o desperdiciando mi vida. Eran otros tiempos a los que ella se refería, hace setenta años atrás aproximadamente, donde una mujer no podía estar sin un hombre al lado porque la "protegía" fuera como fuera. Aunque fuera un maltratador. Qué triste, que penoso, menos mal que ahora ya no es así. Bueno, no del todo. Animo a las mujeres a que se alejen de esos hombres, sigan con sus vidas, se enfoquen en sus hijos y en salir adelante porque sufrir maltrato bajo tu propio techo, es muy duro. A los niños a la vez hay que protegerlos para que aprendan a defenderse solos y se ganen el pan de todos los días. Este tema para mi es importante y la conversación que se puede mantener acerca de ello es muy amplio, pero es mejor no entrar en ese terreno.

Lo que yo pido en esta vida es que mis nietos tengan una educación, no la del colegito o de la carrerita. No me refiero a ese tipo de educación, porque esa es su formación. Me refiero a que se hagan niños fuertes y que sepan respetarse para que las demás personas con las que se encuentren en su trayecto lo sepan respetar y si no, que salgan a defenderse. Si se tiene que volver a casa solo sin amigos pues que se vuelvan a casa sin amigos. Respetarse y quererse uno mismo tiene que aprenderse desde que son muy pequeños y para eso, en sus casas tienen que ver los soportes básicos del respeto. Es fundamental que salgan con esa lección de casa, porque en el colegio entre los libros no la van a encontrar porque no se enseña en las aulas. Podría estar hablando del tema largo y tendido, pero este capítulo lo voy a cerrar de otra manera.

Vuelvo a insistir en que ya tengo una edad. Quiero decir a todas las mujeres, abuelas o no abuelas que están pensando en la muerte. Que están pensando en los años que le quedan de vida cuando oyen hablar de quien más quien menos ha muerto con noventa y tantos años largos, les entra una enorme alegría en pensar que vivirán los mismos años. Les diría que, si están obsesionadas con ello, y me incluyo, que lo hablen con un profesional. Las invito desde aquí a que reúnan un grupo de mujeres con las que compartan las mismas inquietudes. Para que lo hagan colectivamente con el psicólogo en medio que es el que pone la música y toca la tecla. Quiero decirles que no se queden con la pena ni con la tristeza. Hay muchas mujeres con esta edad que están dejando de salir de vacaciones, de prepararse, de hacer cosas por los pelos blancos o que acaban las frases con *"ya ... ¿para qué?"*. Les digo que si quieren a sus hijos que lo hagan por ellos. Los hijos cuando ven envejecer a sus padres, aunque no digan nada sufren. Sufren porque saben y piensan en lo mismo que estamos pensando nosotros. Lo que pasa es que ellos tienen sus vidas, tienen sus hijos, sus trabajos, sus cónyuges y claro, tienen la vida más llena pero que el hueco para los padres está ahí.

Otra cosa más quiero añadir. Que las parejas se apoyen entre ellos en los pequeños problemas de la vida, que son unos pocos. Porque cuando los padres mueran, hay hijos que van a sentir que sus parejas no les han ayudado. No se escapa ninguno, os lo aseguro. Quien esté leyendo el libro dirá que cada uno allá con su familia. No estoy del todo de acuerdo porque cuando un hombre y una mujer se casan o se unen, es para todo. Compartir con un hombre la cama, es lo más grande. Y no te digo el dinero, años de tu vida, la comida, la casa, los proyectos, los pensamientos. Si hay un ángulo solo en la vida del hombre o de la mujer que está triste porque sus padres no están, sus parejas lo tienen que ayudar.

Yo, a esas personas que quieren ver bien a las demás y ayudarlas en la medida de lo posible y desinteresadamente los llamo mediadores. Los mediadores son los que en realidad no tienen por qué preocuparse un tema que no es suyo, pero están ahí. Son los que aportan una palabrita, un inicio, una reflexión, un vamos para adelante, un ánimo y sensatez. Su pareja lo agradecerá muchísimo si realmente están enamorados o enamoradas. Si están enamorados tienen que estar implicados también en ese tema cuando, por ejemplo, si uno de los dos tiene una hermana, un hermano o un familiar con el que están a mal sin hablarse, su pareja tiene que hacer algo para que se unan. Más adelante la vida se lo devolverá.

Los malos mediadores, pueden hacer que dos personas se odien a muerte, pero un mediador bueno puede rescatar relaciones y mejorarlas. Un buen mediador mira por lo suyo y por lo de las personas que están a su lado, porque quieren hacer el bien. No son egoístas y miran por sus intereses y *"yo me encargo de lo mío, y de lo tuyo ya veremos, pero cuando me interesa algo tuyo o me beneficia, intervengo inmediatamente"*. Eso termina muy mal porque no es lo que se busca en una pareja.

A mí me han llegado a decir, por este tipo de comentarios, que soy una mujer que echa flores donde no las hay. Yo siempre he echado flores donde había que echarlas. Mi abuela me dijo siempre *"es mejor hija mía echar flores que sembrar malas hierbas, porque si te pisan esas flores, el olor te va a llegar a ti, aunque tú vas a llorar, lo vas hacer envuelta por la fragancia"*.

Lo digo con muchísima actitud, con muchísimo ego y satisfacción de que pocas veces por no decir ninguna, nadie me ha visto ni puede decir que he hecho algo o he actuado con maldad. Y si alguien se ha quedado algo por preguntarme cara a cara que me lo pregunte porque indudablemente el mensaje no lo ha cogido. No tengo problema en ponerme delante de cualquiera para aclarar posibles dudas que tenga acerca de mi persona. Tengo mi cara y mi alma muy limpia como para enfrentarme a quien sea.

Una cosa más: a mí no me levanta nadie los pies del suelo porque yo no me lo merezco. Con toda la humildad lo digo. Y siempre que me he callado ha sido porque alguien me lo ha pedido, porque se trataba de su propio problema y entonces con ese respeto tengo que andar si alguien me lo pide por favor. Jamás he hecho daño a nadie y he cumplido.

Las cosas no se arreglan separándose ni dejándose de hablar. En mi casa, cuando me preguntaban qué me pasaba y quería evitar el tema, el castigo no era mandarme a mi habitación, o decir *"ya se le pasará"* y pasar de mi sino ponerme delante de mis padres a hablar. Era lo que tenía que hacer y mis padres me lo acababan sacando. Las cosas no se arreglan con castigos, encerrados en la habitación, porque los posos empeoran, se enquistan. Y el tiempo no mejora nada por sí solo.

CAPÍTULO SOLEDAD

Cuando hablamos de casamientos tempranos, en estos tiempos más modernos y sofisticados socialmente, los jóvenes luchan más por sus estudios, formaciones, salir, divertirse y conocer la variedad social. La mujer ya no se compromete a tener niños porque sabe que le quita libertad. Un bebé cambia la vida, y lo saben hasta los hombres, pero hay que reconocer que la mujer, del sentido que trae desde que nace un bebé lo sabe más todavía. Un padre, indiscutiblemente juega un papel muy importante.

¿Qué sucede con esto? Que yo sí sabía mi limitación de lo que era vivir sola. No he vivido sola nunca. Siempre estaba rodeada de mis padres, de Angelita, y de mi hermana. Tenía muy claro y era muy feliz cuando pensaba en que cuanto encontrase el amor no estaría nunca sola. Gestionaba eso y se horneaba dentro de mí, aunque no lo he dicho prácticamente nunca. Sí que el día que me casé fue el más feliz. Pensar que ya viviría y tendría a mi lado una persona especial a la que quiero, fuera de casa de mis padres, en mi propia casa, con mi marido. Era un sueño que desde que lo sembré en mis pensamientos hasta su culminación en la realidad se ha prolongado en mi mente. Estaba todo pensado: cuando íbamos a tener a nuestros hijos, cuánto se llevarían, como seríamos como padres, como educaríamos a nuestros hijos, etc. Con veinte años me encargué de dejarlo todo atado y sin tener nociones de la gestación de mi madre y de sus consecuencias en mi vida, no sé por qué, pero los presentimientos existen, ya rechazaba la idea de tener un embarazo no planificado, así porque sí. Después supe por qué.

Esto es un apartado que he querido empezar y decir que cuando hablo de la soledad sé de lo que estoy hablando. Yo la soledad la llevaba dentro de mí y esa es la soledad que mucha gente quiere como sea y al precio que sea no sentir porque desarregla sistemáticamente todos los sentidos y los convierte en una masa oscura. Hay personas que no pueden llevar esa soledad, y eso va con uno donde quiera que esté y donde yo he estado, me la he llevado puesta como si fuera un depredador que necesita de otro para vivir: de fiesta, de vacaciones, con los amigos, con familiares, etc. No disfruté absolutamente de nada, los demás pensaban que sí, pero me sentía sola en todo momento. Lo he llevado por bandera y con miedo a sentir una mijina más de soledad. Estaba mi soledad en un límite que más no se podía sentir y si fuera así acabaría haciendo algo que no estaba bien.

Cuando le di la primera calada a un cigarro me gustó, pero no quería sentir esa sensación. ¿Qué pasó con eso? Corriendo rechacé el cigarro pensando en cuál sería mi estado de ánimo cuando no lo tuviera. ¿Qué pasa, que si no fumo no voy a estar bien? Este razonamiento moral del bien y del mal ha sido mi gran defensa desde que tenía trece años.

¿En cuántas cosas me hubiera metido si no hubiera tenido esa capacidad de reflexión? Una niña tan chica, con tantas carencias y con mochilas cargaditas de inseguridades, miedos, infelicidad podría haber tomado cualquier tipo de decisión o camino muy poco afortunado. Tenía complejos y no me veía con los ojos de los demás. Era atractiva y gustaba a los chicos, así pensaba que, si formalizaba algo, al menos no estaría sola, pero sabía que un chico no llenaría mi soledad.

Si alguien se siente solo, lo que tiene que hacer es hablar con sus padres a ver de dónde viene la soledad y por qué está así. A lo mejor en la cara de los padres hay respuestas. Lo que no se puede es coger el pensamiento, la inmadurez y quedar posado en la cabeza algo que no es, porque la cabeza se encargará de buscar culpables. Lo digo desde un sitio que es privilegiado. Señores, vivo sola, estoy separada. He conocido lo que es tener un gran amigo, amante, padre. Y ahora no está.

¿Que tenía que haber hecho en cuanto me separé? ¿Juntarme con alguno para que él dirigiera la orquesta? Prefiero seguir dirigiéndola yo. ¿Para terminar haciendo lo que a él le gustaba? Siempre cuando se está cojeando de fuerzas o de sentirte bien contigo mismo corres el riesgo de entregarle a otra persona poder sobre ti. Averigua con toda la fuerza de tu cuerpo porque te encuentras mal. Averigua qué te pasa y ponle solución. Nunca empieces una amistad o una relación porque estés flojo o porque no puedas o no sabes estar solo. Yo tuve pareja porque estaba enamorada por eso duró lo que duró y disfruté lo que disfruté y mi marido también. Ahora, ese hombre esté donde esté, vaya con quien vaya, nunca, que nunca se olvide de mí. Porque el día que lo haga, está olvidando parte de la vida más maravillosa que ha tenido y ha compartido conmigo. Olvidar algo que se ha vivido con una persona, va en contra de los códigos de la ley de la vida. Es una ley de la naturaleza humana no escrita, pero grabada en algún gen de nuestra biología evolutiva. No se olvidan los momentos maravillosos compartidos con otra persona.

Y si te tienes que olvidar para poder empezar otra relación, tú solito te la estás dando en tu cabeza. ¿Si te olvidas, qué te queda? Si una persona te ha dado lo más grande que tú has podido tener en tu vida y de ahí ha salido la flor más grande y bella, porque de lo contrario, de no haber conocido a esa persona, tu vida hubiera sido de otra manera y sabemos de qué estamos hablando, no te puedes olvidar. La vida no se olvida. Las cosas que hacen daño, sí. De lo cruel sí, nos podemos olvidar y es hasta recomendable porque son como vampiros del pasado que se alimentan de nuestras energías. ¿Pero olvidarse o no querer acordarse de grandes personas y grandes momentos?

¿De qué estamos hablando?

¿Decir que no queremos pensar en esa persona? Claro, así no podríamos estar con nadie si nuestro pensamiento está ocupado. Esto tiene un nombre, pero no lo voy a decir. Cada uno que se lo ponga. Toda persona que esté leyendo este libro y reconozca que está con un hombre o con una mujer porque no ha tenido coraje para animarse solo o sola para elaborar sus planes, organizar sus viajes, sus encuentros, estar con su familia para estar llenos de luz, se han perdido a sí mismos entre el parpadeo mortecino de la bombilla de la estupidez humana. Los años pasan y los recorridos son intensos. Al menos mi vida está llena de vida. No he desaprovechado ni un solo instante. De eso no puede presumir cualquiera y me hace sentir muy orgullosa.

Hoy están llenos los huecos. Está lleno de vida, de luz, sin miedo a abrir y cerrar las ventanas, las puertas. Con días malos, dispersos y buenos. Ahí está la luz de la persona que está llena de vida. Con lágrimas, con canto, con risas, con baile, pero yo lo disfruto a mi manera. Si alguien, todavía no lo sé, ni lo descarto que viniera o llegara a mi vida, sus planes no estarían por encima de los míos. En todo caso estarían los míos y si veo que los planes míos no cuadran con los suyos, pues adiós y sin mirar para atrás. Disfruto de mi casa de puertas para adentro y no al revés. Me importa bien poco lo que encuentro en la calle, que es secundario, y mi felicidad no depende de ello. ¿Que he podido convertirme en una pobrecita? Pues sí y además con un agravante porque siempre he dicho que no podría estar sola mientras otros prefieren vivir acompañados. Han estado toda la vida recreándose en lo que se dice pan para hoy y migas para mañana. No hay que vivir la vida de los demás, sino que ahora hay que vivir la vida de uno mismo y que todavía te encuentres con que te dicen que si tu cosecha es de mala calidad produce un sufrimiento muy grande. Hay personas que son como una infección.

Hoy yo no podría estar viviendo sola, alimentándome sola, disfrutando sola y gestionando mi vida sola si no hubiera hecho una buena cosecha. Por eso soy escrupulosa y no consiento que nadie toque mi vida ni un solo punto de lo que vengo cosiendo con hilo fino pero resistente. Mi intención era dejarlo lo más claro posible y por eso hoy estoy escribiendo este libro. Para que quede escrito y sellado. Esta es mi historia, mi vida. No se puede decir que mi vida está hecha de humo. Lo he recalcado porque ya lo dicho anteriormente en el libro que, si veo que hay una crítica o censura, digo que no se precipiten en sacar conclusiones y juzgar ni mi vida, ni la de nadie. Es mi historia. No hay ni un solo párrafo ni un solo movimiento que no sea la verdad, porque no me baso ni en la verdad. Me baso en lo que he sentido en todo momento.

No cuento a ciencia exacta que dos y dos son cuatro. He sentido el dos y el cuatro, el tres y el medio punto, el dos y medio. Sumando decimales he conseguido el cuatro. O sea, a mí no me la pueden dar, pero sí digo que qué pena de esas personas que se mueven, se expresan, todo a razón de otra persona que haya llegado a su vida. Es vergonzoso, las personas que conozco que vivan de alguien que ha llegado a sus vidas y les está vendiendo la moto, más con la edad que tenemos. Oigo decir que *"ya he hecho muchos viajes, ya vengo de vuelta"*. Qué pena no quedar nada para este momento, porque este momento es cuando más hay que moverse: seguir conociendo gente, salir, disfrutar, vivir, hacer amigos. En todos los niveles de la vida tenemos que conservar a nuestro yo, la honestidad, el orgullo, el triunfo de la vida y de llenar los momentos, la humildad.

CAPÍTULO INMATERIAL

Hasta este punto no he reflejado ni he hablado de lo material, he hablado más de las emociones. Hoy hablaré de las personas que no tienen en cuenta lo que otras les dan.

Hay mujeres fuertes con temperamento y las personas que las rodean lo ven, pero es, en los momentos cruciales de la vida, cuando realmente se muestran como son. Se muestran como son en las andanzas nada fáciles de la vida. Digo con mucha fuerza que, con mi edad, me gustaría que al menos alguien se preocupara de pensar como realmente soy por dentro. Pero para eso hay que pararse.

Hasta hoy todo lo que he hecho, todo lo que he dado, todo lo que he escuchado no lo he transformado a mi gusto porque sé escuchar, sé oír y cuál es la diferencia entre escuchar y oír. Por eso me duelen las cosas y si supiera que por dentro estoy hecha de mentiras y una masa de cosas oscuras, no me dolería ni me afectarían ciertas cosas que a la vista está que me afectan. Por eso hay hipocresía en la vida. Las personas hipócritas, las personas que no son fieles, son ignorantes y no se enfadan.

Me duele porque todo lo que he dado lo he dado de corazón y de verdad. Para no recibir nada a cambio. Y no quisiera que el día que me muera sea cuando salten las alarmas. Que procuren las personas que me rodean que sea ahora, porque ahora es cuando lo necesito. He sembrado buenas semillas en todas partes con un mazo en la mano y con la espalda erguida. Echada adelante, doliéndome todo para dar todo el amor que tengo dentro a todas las personas que me rodean. Por eso me duele, porque me lo he trabajado día a día, si no, hoy me estaría riendo. Me duele que me digan que echo flores a mi vida. Lo que sí claro está lo que me enseñaron las grandes personas de mi vida, que fueron mi abuela Pura y mi madre, es que a las personas no se les puede hundir intencionadamente, y no sé qué tipos de mentes acumulan en la antecámara de su cerebro esa forma de actuar o de pensar. Las personas pueden cometer fallos, a veces se resbalan, pero ya estás tú ahí para ayudarla a levantarse. Seguramente sepa que está hundida así que no hace falta hundirla más ni recordárselo siquiera.

Eso no se hace por una sencilla razón: todo el que se mete con un cristiano a lo largo del camino ya verá. Y no estoy amenazando. Digo que he visto lo que hay y que el gran maestro de mi religión fue un hombre, que, para clavarse en una cruz, ya tenía que tener ganas. Encomendó su espíritu a Dios y se alzó al cielo. Pero ese sacrificio no lo hizo en vano, sino que vio el resultado.

Hace poco a una persona pregunté si le daba miedo hablar del demonio. Que no nos dé miedo hablar del demonio porque existe y ¿sabes lo que hace el demonio? Quedarte vacía completamente mientras está hablando de falacias. Y cuando esas falacias se interiorizan y la persona las reconoce y las recoge como pensamientos propios, va a faltar muy poco tiempo para que se quede la persona vacía totalmente porque lo que no es verdad no se puede hablar. A las personas no se les puede crucificar así porque sí. Cuando una persona tiene un problema lo que tiene que hacer es averiguar, solucionar su problema y no echárselo al que está enfrente. Eso no es de una persona con carácter ni con seguridad en sí misma, así que hay que ser un poco más inteligente y no tirar piedras sobre nuestros propios tejados. La persona inteligente no habla lo que no es y aunque lo sepa, es mucho más imparcial, relativista y vive en paz con el mundo. Empezando por el suyo primero. De esta manera está en paz con los demás y no tiene necesidad de echar peste por la boca ni de hacerse mala sangre.

Hoy con mucho orgullo, aunque estoy separada y otros lo pueden interpretar como fracaso, no lo veo exactamente así. Veo que la vida consiste en muchos cambios y tenemos que afrontar ese cambio. Aunque no nos guste, nada es para toda la vida ni tenemos un frasco con el superpoder de guardar y almacenar una pizca de lo que quisiéremos tener para siempre. Pero escribir una biografía es abrir ese frasco y robarle pequeñas dosis. Los cambios y los caminos de Dios son tan difíciles de entender que tengo que decir que, claro, se me han abierto muchos caminos. Puede ser que la otra persona que ya no está, sí está dando vueltas, vueltas y vueltas. Yo hasta ahora y desde que me separé estoy en una recta. A veces no he podido más, me fallaban las fuerzas y me he parado en el camino a descansar, pero en un buen sillón. No tirada en la cuneta ni permitiendo que nadie me venga a empujar o apartar de mi meta y de mi destino, ni tirarme en una cuneta.

De mi separación tengo que decir que estoy muy orgullosa de lo que he vivido y de lo que he dado ¿y sabes por qué? Porque lo he dado todo, con todo el amor del mundo. Me he quedado vacía de amor y el mismo proceso pasa con las flores cuando brotan. Vuelve a renacer amor dentro de ti para volver a dar muchísimo más. ¿Sabes porque no me he puesto a dar a nadie más amor nada más que a mi familia? Porque sería engañar a la gente y si empezaría a amar a personas las estaría engañando. Porque mi corazón está ocupado y si se sonríe alguien pues, decirle que puede estar ocupado de muchas formas de amar. El amor de mis hijos, el amor de mis nietos, el amor de Dios y otras muchas cosas más pero no quiero que nadie se atreva a decir que soy una persona falsa o que adorno, o se crean que hipócritamente lo que digo es porque me creo que mi mundo es el más bonito del universo. Pues sí, el mío es muy bonito. Lo he hecho con ilusión, con ganas y no hay otro resultado que no sea bonito. Lo he trabajado como a un jardín inmenso lleno de todo tipo de plantas y flores, pero a veces la mala suerte trae un clima que viene con unas lluvias fuertes e inesperadas que inundaron y ahogaron mi gran jardín.

Pero no voy a consentir que nadie me diga que lo he abonado mal o que lo he trabajado mal, porque no es cierto. Y si levantan testimonio falso contra mí, no se lo voy a consentir. Entonces si alguien cuestiona o habla mal de la calidad de mi jardín es una persona mala y entrometida en la vida de los demás para hurgar y saber cuáles son sus puntos débiles. Si el clima que no depende de mí, me lo ha estropeado, no se me puede echar por tierra mi trabajo. Si alguien cuestiona la calidad de mi jardín ... ¿esa persona se está alegrando de mi situación?

Una persona mala es una persona que tiene la maldad dentro y la maldad viene del demonio. Todo el que se alegra del mal ajeno es una persona malvada y amargada. De mala condición, y es lo que me enseñaron mis raíces. De esas raíces de un robusto árbol de un jardín cuidado vengo yo. De una abuela buena y sensata que no me dejaba pensar mal de nadie. Y mi madre no te quiero ni contar. Tuve por padre una cosa maravillosa de hombre.

Si estaba cansado se quitaba la silla para cederla a otro quizás menos cansado o más joven que él. Fíjate qué clase de hombre era, que a eso la sociedad lo señala riéndose mientras se tapa la boca para llamarlo por o bajo tonto y pobre, y en vez de aplaudir o aprender hacer lo mismo, o simplemente respetar su decisión de ceder su silla, no. Dice que de bueno es tonto. No era un pobre hombre ni tonto. Era un gran hombre que me hizo a mí y a mi hermana. De ahí vengo. De una buena raíz y sana. Sana para que cuando viene un problema saber enfrentarlo y no acabar echándoselo al vecino.

Las personas que se las dan de inteligentes y se la dan de buenas personas, con fuerza, con casta y con carácter son las que peor saben llevar sus problemas. No se tienen que meter con el vecino, ni con el que tienen enfrente, ni con el familiar, ni descargar su ira con el primero que pillan, porque es lo más fácil y está condenado a salir mal, sobre todo cuenta con un agravante si se hace sobre un inocente de sentimientos puros. ¿Y sabe lo único que puede pasar? Que en el camino pues pierdan muchas cosas interesantes y buenas que les puede traer la vida y no darse cuenta. Muchas personas pierden por enfrentarse con quien no tiene el deber de responsabilizarse de sus desdichas. No hay que achantarle nada a nadie y menos hablar de la vida de nadie.

¿Qué sabemos nosotros de la vida de otros? ¿Cómo hay personas que se atreven a hablar sin saber? Hasta me atrevería a decir que hay personas que no saben ni de ellas mismas. Ni ellas saben lo que tienen dentro, pero eso sí. Echan por la boquita víboras, predicando tan a la ligera consejos que no tienen ni para ellas mismas ni se aplican el cuento.

Tengo la gran suerte, el gran orgullo y la gran satisfacción de que, antes de irse mi madre quedó todo muy aclarado, muy bien hablado y el amor era inmenso entre nosotras. Pero antes tuvimos que sentarnos las dos y decirnos la verdad, para luego convertirnos en una auténtica hija y madre. Hay madres cobardes mirando más para los lados que a la persona que tiene de frente. Y si me meto en ese terreno pantanoso tengo contenido para llenar siete libros más.

Mirad lo que he reservado para mi edad. No como otros que lo han vivido todo a destiempo. Ni han escrito, ni se han conocido, ni han tenido emociones, ni han sentido verdaderamente el amor.

¿Qué es hacer el amor? ¿Qué es sentir el amor? ¿Desnudarte o sentir? A veces no hay que desnudarse para sentir o hacer el amor.

Hay mucha gente que corriendo se quita la camisa y a lo mejor lo que hay que hacer es desabrocharse un solo botón. Quizás se vea más bonito, más atractivo, más selectivo, más seductor. Pero ahora con un botón desabrochado ya sólo queda hacer lo mismo con los demás y dejar el torso al descubierto. La exhibición de las palabras, de las emociones, y del desnudo, tiene que ser hecho a consciencia y con escrúpulo.

Podía haber resumido este libro hace muchos años diciendo que todo es perfecto y maravilloso en mi vida de pareja. Nada lejos de la realidad. Me tocó una pareja estupenda y maravillosa y no me voy a callar. Alguien importante, después de separarme, un gran sacerdote entregado a la palabra de Dios me dio un toque amistoso en el hombro para captar toda mi atención y asegurarse de que me quedo con el mensaje. Me dijo que no me callara. Sellamos un pacto y me comprometí a cumplir con mi palabra, que se la había dado. Aún recuerdo las vivas palabras que salían de su voz arenosa y paciente:

"... ahora lo que va a hacer es que les sirva a las personas de lección. Aprender que para tener algo hoy, hay que saber disfrutarlo y vivirlo, no se vayan a creer que dura toda la vida. Para eso hay que hablar. No se puede callar usted. Tiene que defender su vida y su amor..."

Que jamás me he creído ni más ni menos que otros, pero no me voy a callar porque ha sido demasiado bonita mi vida y además con todos los resultados. Otra cosa voy a decir en mi libro. Si pudiera elegir vivir de nuevo, volvería a hacer lo mismo a excepción de la amistad, donde me guardaría varias cartas. También digo que para saber algo a ciencia cierta hay que vivir dos veces. Pero en todo lo demás haría todo exactamente igual.

Cierro hoy este pequeño capítulo con un tema diciéndole a las personas que yo creía que me conocían que ahora ya no sé si me conocen o no, que no se confundan. Que no soy mentirosa. No quiero ni tengo el más mínimo deseo de tomar posesión de nada. Lo único que he dado ha sido mucho amor, y aún me queda. Además, hice un pacto para no caer en la mentira ni decir cosas que no son. Lo juré delante de Dios y él es testigo de tantas cosas que me ha visto llevar a buen cabo. He dado todo lo que he hecho con amor y sin ninguna intención. Nunca.

Y con un respeto impresionante que no se puede expresar con palabras así que hacerlo, demostrar mi respeto es hacerle justicia a la palabra. Todas las personas que me rodean, he querido conocerlas, acercarme, acariciarlas, y si me dejaban, incluso llegar a besarla porque para mí lo más grande es la familia. La familia que tú creas. En los años que estuve con mi marido no miré a otro hombre, ni para decir qué bueno está, ni qué guapo. Si no lo hice ¿sería por miedo a la persona que tenga al lado, o es porque realmente me gustaba?

De no ser así, hubiera desviado mi atención, evidentemente. ¿Si me hubiera atraído alguien, estaría con mi marido? No podría. Así que soy muy fiel. Escrupulosamente fiel a lo que siento.

Observo, fascinada la forma que tiene la gente de escupir al aire cosa sin saber lo que están hablando. Eso no. Eso mínimo se merece penalización y castigo con una buena cura de humildad. Y tengo gran miedo porque cuando una persona se censura sin ser cierto, estrangula el alma y deja caer sobre él un pesado telón. Cuando muere esa persona su alma se hace mil pedazos que caen en forma de fantasma sobre todas las personas que están confundidas con ella. Cuando una persona con un contenido tan serio y tan limpio como he tenido yo, tiene que condenar su alma a deshacerse en mil hojas de papel quemado desplomándose como polvo, no se puede quedar así. Este hecho, Dios, no lo quiere y no lo permite porque él sí sabe cómo somos las personas.

Sé cuándo doy algo con qué intención lo doy y a mí me sale del corazón. Del amor que tengo hacia las personas: mi ex marido, mis hijos, mi familia, personas nuevas que han llegado a mi vida con los años, con las amistades. Por eso me ha dolido tanto y puedo hasta seguir llorando, lo que no me causa risa.

Me dará un asco tan grande que, si yo tengo que desaparecer de esta vida para que las personas se den cuenta de mi pureza y entrega, me duele enormemente. Pero que me duele no lo sabes muy bien porque a mí me roban años de mi felicidad y juegan con ella a los malabares a ver si alguna se estalla contra el suelo. La gente piensa tal y como es. Sí. Si el refrancito está claro.

Me he currado y trabajado muchas cosas. Con preguntas difíciles de plantear, buscando respuestas. Venciendo obstáculos y temores. Sé de mi vida y soy muy consciente con mi realidad. Sé hasta las más pequeñas monedas "perdidas" de mi monedero. Sé todos mis rincones materiales con su sitio bien establecido. Si he sabido gestionar mis pertenencias materiales, las emocionales las tenía y las tengo mejor colocadas todavía. Y protegidas con mis cuidados constantes, para seguir teniendo una vida feliz, puliendo, limpiando y darles buen cobijo donde quedan almacenados. Sé cuándo doy algo. Y puede parecer muy tonto, pero para mí tiene su explicación. En la cola mismo, de un supermercado dejo pasar a la persona que está detrás mía en la fila. Si siento que tienen prisa y empiezan a soltar soplitos por lo bajo en forma de queja y mirar por el rabillo del ojo, me da vergüenza.

Me da apuro que esté pendiente de mí, como si yo pudiera hacer algo para avanzar más rápido y me mete presión o tensión por acabar cuanto antes. Le dejo pasar, les invito cortésmente a ocupar mi lugar en la cola y me pongo por detrás de ellos. Que los despachen cuanto antes. Realmente no tengo prisa, ¿para qué voy a correr y hacia dónde? Hasta con los desconocidos soy gentil y delicada.

Sólo puedo acabar diciendo otra cosa. Tuve una madre maravillosa que encontró la valentía y la ganas de decir a su hija lo que la quería. Sin pena ninguna, sin arrepentimientos, pero sabiendo lo que decía me abrazaba y preguntaba a mi oído:

"¿Qué hubiera sido de mí si no llego a tenerte? ¿Qué me hubiera perdido Dios mío?

Mi madre se liberó y me lo dijo llorando, con la voz alta que tenía. Con la potencia con la que estoy hablando ahora mismo por escrito, estoy elevando el tono de las letras que se casan entre ellas para parir el recuerdo. Esta potencia me la ha transmitido mi madre y por esta voz, por esta firmeza me han querido enterrar y empequeñecer. Yo hablo con esa virtud y escribo alto sobre las cosas bonitas. Mi familia hablaba alto, pero no para hablar cosas malas, no para hacer daño, no para destrozar a una persona. Tenían esa fuerza, pero para hablar alto de sus cosas, de sus sentimientos, sin vergüenza, sin censura. Para defenderse, para reconocer lo bueno, salir a dar la cara e ir de frente.

Sí que quisiera que mis nietos aprendieran que en la vida hay muchas desilusiones, muchos dolores, muchas penas que les tocará vivir. Pero que se encarguen de transformarlo enseguida en algo bonito. Hacer sus vidas bonitas. Inmediatamente, al día siguiente, ni enterrarlo siquiera. Como lo he hecho yo, con piedras sucias que me he encontrado por el camino o me han arrojado (no en el sentido literal). La he limpiado, la he pulido, y cuando le da el sol destella la misma luz que un diamante indestructible, y la pienso defender a escudo y espada. Con mis hijos he hecho lo mismo y mis hijos son intocables. Para que ellos brillen también a día de hoy han tenido que trabajar mucho. No están donde están actualmente porque sí. No se trata de tener los ojitos azules y el pelo rubio. Se trata de que cuando se habla, acompaña todo. Su imagen, su firmeza, su voz, sus gestos y la manera de ganarse la confianza y cercanía de las personas.

CAPÍTULO CAMBIOS

Entiendo que las personas cambien a lo largo de sus vidas, por lo que, evidentemente va a cambiar su forma de pensar porque vemos las cosas diferentes y desde otra perspectiva cuando maduramos y va pasando el tiempo.

¿Por qué no?

Porque cuando se trata de una personalidad tan firme y fuerte durante toda la vida, los años dotan de fuerza ese pensamiento y esa rectitud en algo. Durante esos años las personas del entorno pues ven cómo ha sido esa vida. Pero hoy me detengo y pienso si en realidad la persona era así o era una hipocresía total de cara a un egoísmo y de cara a un conformismo para parar a la gente y decir: ¡yo soy así!, sacando una bandera alta.

Yo nunca me he definido.

No he definido como soy ni mi personalidad. Nunca he dicho nada. Sí sabía, en cambio cómo iba a responder y cuál sería mi reacción en muchas cosas. Por ejemplo, hoy, que estoy separada, o cuando me he puesto a trabajar, etc. Pero no era de decir: *pues yo si viviera sola, o yo si tuviera, yo si trabajaría,* etc. Eso nunca lo he dicho en alto porque lo que vivía en ese momento era hermoso y bonito. Era dedicarme a mi familia que es lo más grande que hay en la faz de la tierra y mi teoría es irrefutable. Me dedicaba a la familia desde por la mañana hasta por la noche y las noches me las pasaba haciendo gestiones para que la mañana siguiente todo saliera mejor todavía, atendiendo a mis hijos y a mi marido. Sacar tiempo de calidad para ellos era la mayor ilusión y el mayor logro como madre y esposa. Cuando me dicen que opté por hacerlo, dedicarme a mi familia, fue porque no tenía trabajo ni tenía ninguna carrera ni tenía nada que hacer que no fuera eso, como buena ama de casa, estaba destinada a ejercer de ello.

Ante esa falta de tacto yo me sonreía. Pero claro, la gente, hay cosas que no saben. Tuve oportunidades para emplearme, como todo el mundo y cambiar ciertos aspectos de mi vida. Cuando mi hijo tenía nada, un añito quizás pude optar y elegir trabajar como auxiliar de clínica, pero me lo pensé dos veces antes de confirmar mi incorporación en la plantilla. Porque si iba a trabajar y mi marido trabajando fuera de casa, incluso fuera de la provincia, tenía que traerme a una mujer a casa para que me educara a mis hijos. Hubiera sido necesario contar con otra persona que los prepare, los lleve al colegio, los recoja, después les dé la comida. Cosa que yo no consentiría porque tenía muy claro que para mí es muy importante la educación de mis hijos. Además, que los niños son muy miméticos y reproducen lo que ven. Quería ser yo la que se encargara de ellos y de su educación en todo momento. Lo tenía igual de claro que cuando se habla de tener un niño, se quiere o no se quiere. No hay más.

Las personas que me lean dirán que dos y dos son cuatro, pero para mí no. Pues si tú te dedicas a decir cosas de tu vida tipo *"yo soy así, a mí me gusta la soledad, a mí me gusta estar sola, yo lo que quiero es independencia, yo lo que quiero es ganar mi dinero, soy una mujer suficiente"* etc. Si te dedicas a decir eso en alto, que al menos sea verdad. Lo que no se puede es estar tanto tiempo, toda una vida predicando sobre ello y no cumplir o no ser coherente. Es una absoluta mentira porque entonces ¿qué pasa si en un momento determinado en tu vida llega alguien y a ti te cambia todos los esquemas? ¿Quién es la persona auténtica? ¿Ésta que está hablando ahora mismo o la anterior?

Entonces, ¿la versión anterior era mentira?

Porque es imposible que una persona diga todo que sí, o a todo que no, sea muy fiel a su palabra, a su carácter, a su manera de ser y cuando llega alguien a su vida, cambia totalmente y le pone planes que nunca antes, por nada en el mundo los hubiera llevado a cabo. ¿O sea, una persona no tiene la voluntad y el coraje suficiente para hacer planes por sí misma? O mismamente tener su vida hecha y estructurar su manera de ser o su rutina: viajar, ir a clases de baile, hacer un curso, practicas yoga, ir al teatro. ¿Qué pasa, que esa persona ha sido una mentira toda su vida? O es que está en un momento tan bajo y tan mal que se lo ha provocado ella misma al estar tan apática, ¿qué tiene que venir alguien de fuera, desconocido, para darle planes?

Lo veo un poquito cargante y me llama la atención.

¿Por qué me pongo a hacer esas conclusiones? Será porque soy una persona, y ahora sí me voy a definir, con mucha profundidad. Profundizo en las cosas. Claro, ahí está la respuesta. Tengo dos hijos que no me extraña que hayan salido así y no voy a hablar del 50% de su papá que también era personalidad. Era. Ahora ya no sé cómo es.

A todo esto, me pregunto cómo se puede vivir con tanta hipocresía en la vida. En la vida hay que decir las cosas por su nombre. Lo que queremos, lo que no queremos y por qué. Reconocer cuando no somos auténticos porque se crea un falso creer, un falso reflejo de una persona con una personalidad del cien cuando no es así.

Después resulta que hay otras personas que no se manifiestan con esa seguridad, pero tienen mucha más personalidad que los que se jactan de tenerla y es como los amigos imaginarios, sólo lo ven ellos. Más vale que ese tipo de personas se entren para dentro todas esas palabras, profundicen y piensen si realmente eran así porque si no, están viviendo una vida distinta de la que exteriorizaban y lo más probable es que al intentar mantener esa imagen se acaben frustrando muchísimo. Las personas que las rodea pensarán que es una barbaridad el hecho de que una persona cambie tanto. Da incluso hasta un poquito de vértigo. Iba a decir que miedo también, pero esa palabra no la voy a utilizar a partir de ahora, más teniendo en cuenta la edad que tengo. Francamente ya no estoy para enfrentarme al monstruito del miedo.

La palabra miedo no va a salir de mi boca porque me han clavado un letrerito atrás donde Sandra parecía estar hecha de miedos, antes que de carne y huesos. Yo creo que no era miedo, sino que lo descubrí tarde o lo confundí con el miedo por la presión que vivía. Soy una mujer con mucha profundidad. Analizo mucho las cosas. Reflexiono y pienso.

El resultado es una persona, una Sandra que no gusta mucho a los demás porque eso de brillar molesta y decir la verdad es la única verdad que las personas piden y no quieren oír. Hay personas que tienen buenas gafas, lentes de calidad para proteger sus ojos de los reflejos y destellos que pudiera transmitir la persona que tienen enfrente. Con los ojos bien protegidos gana más sentido de la audición y se dedica a escucharla, cosa que a mí me han escuchado. Muy pocos me entienden. Tanto que cualquier cosa que hago como que es un asombro, pero si a mí alguien me hubiera escuchado, no se extrañaría de este libro, del trabajo que hice bailando, de todo lo que me curado. No se extrañaría de cómo hablo porque he sido así siempre. Lo que pasa es que si hubiera escrito un libro con veintidós años pues yo hubiera sido diferente para la familia. Sólo de pensarlo me imagino elogios, alegría y reconocimiento: "¡Oh, una buena escritora, que ha escrito y publicado un libro!"

Ahí la cosa hubiera cambiado bastante.

Qué vergüenza me da tener tanta gente a mi alrededor sin nada. Quiero decir que viven del aire. Según como sopla el aire, así viven. Yo no. Y así estoy desde que nací: reflexionando todo, pensando, y hoy estoy escribiendo un libro que sí, lo he podido escribir hace muchos años, pero por las circunstancias no fue así. Será que el cartelito con la etiqueta de miedosa tuvo algo que ver en este asunto. Porque ha hecho que la inseguridad haya podido más que la fuerza.

Pero hoy, mi disco duro está a tope y se tiene que seguir liberando para no ocupar espacio valioso. Hay que seguir llenando y no quedarlo vacío. De hecho, ya está lleno para muchos próximos momentos. La limpieza que he hecho ha provocado que lo llene de muchas más reflexiones que las tenía ahí, pero ahora son más frescas, están vivas, están en los tiempos de este momento, están en el presente que yo vivo y me acompañan, así que nunca hubo mejor momento de escribir que ahora. Vivo el instante en una reflexión pura y me he dedicado a decirme cosas en alto que a lo mejor son las que me han asfixiado:

"yo no soy capaz, me da miedo, no puedo, no estoy lista para hacer esto ..."

Eso no se tiene que rumiar mucho, sino canalizarlo siempre para dentro de uno mismo, entenderlo y hacer que cese ese ruido, para convertirte en una mujer fuerte. Incluso llega un momento que si tienes a alguien delante y te dice que tienes miedo, esa persona es más miedosa que tú quizás, pero se siente reforzado si lo recalca sobre tu persona y siembra la semillita de la inseguridad y nos pensamos que nos ha pillado. Sabe que tenemos miedo, pero en realidad no es así porque esa persona ni siquiera nos conoce tanto, tanto, tanto como para hacer un juicio de valor y pesar el miedo que sentimos en proporción al peso real del mismo. Ya no trato con el miedo, he roto con la relación que teníamos. Me tenía viviendo limitada.

Ya no es miedo, son reflexiones y estoy viendo la realidad de las cosas como son. Y me pregunto ¿por qué las personas no son así? Cómo son. Como dicen que son. Si dicen que son amables y humildes, ¿por qué no son amables y humildes, pero de verdad?

Se me vino a la cabeza el por qué le resulta tan difícil a las personas decir la verdad. Si, por ejemplo, quedo contigo y el ánimo que tenía ayer cuando cerramos el plan, no lo tengo hoy, ¿por qué no decirlo? ¿por qué echar una mentira y despreciar a la persona de enfrente? Partimos de la base de que hay que tratar a las personas con respeto y si un plan se cae, la persona necesita saber si tú has cambiado de idea, ya no quieres ir a ese sitio o ya no quieres quedar con ella. Es tan sencillo como suena. Pero así de claro. Podemos estar indispuestos un día, encontrarnos mal y dejar el plan para otro día. No va a acabar el mundo porque se posponga. Dejar las cosas claras sería muy eficaz de practicar porque así la otra persona te conoce más y se pone en tu piel. Entiende que estás pasando un momento malo.

Fíjate qué bonito. Qué diferencia entre hacer enfadar a alguien y expresarse con naturalidad y total transparencia. Decir las cosas como las sentimos. A mi si me hicieran una jugada de ahora sí, ahora no, y ya no te llamo, aunque hayamos quedado en eso, me lo tomaría como desprecio. Es como si la otra persona me despreciara y no tuviera en cuenta el tiempo que he estado pendiente de ella. Para que luego, encima te digan que estás obsesionada, que eres una persona con mucha ansiedad y lo que te pasa es que eres dependiente de la gente y necesitas de su aprobación constante. Eso, al menos, se suele decir. Y lo peor, es que no creemos una cantidad de palabras que son muy fuertes y hacen realmente daño emocional a quien las recibe.

Entonces, diría que seamos valientes y las cosas las digamos como son, llamarlas por su nombre y no tratar a nadie con indiferencia porque puede herir sus sentimientos y sentirse anulado o desconcentrado ante esos cambios tan bruscos de personalidad. Si ya no te interesa un plan o no quieres decir el motivo porque es familiar, íntimo o prefieres quedar otro día, simplemente llama a la persona con la que te has comprometido, con tiempo para que esa persona también sepa por dónde van los tiros, cuadrar su agenda y organizarse el resto del día. De no actuar bien, las personas, probablemente, lo que acabarán haciendo es separarse y poner distancia. Se va deteriorando la alegría del momento y la otra persona se vuelve fría y distante.

Este libro está lleno de emociones, reflexiones y multitud de cosas dolorosas que creo que a mucha gente cuando lo lea, le sonará y quisiera que en ese momento su orgullo se aparte de su vida para dar paso a la humildad que va a entrar por la puerta grande. La humildad, se dice que la tiene la gente muy recogida como si fuera característica de una persona ñoña, tontaina, un poco pavona. A una persona humilde y espiritual la tienen cogida con el tema de las creencias de la Iglesia y tal y Pascual. Pero eso no tiene nada que ver. Una persona, en su definición de humildad es la que reflexiona bien, la que se pone delante de otra persona y no quiere ser ni más ni menos que ella porque tiene muy interiorizado el criterio del respeto mutuo. La humildad se tiene que enfocar desde el respeto, no para que nadie se aproveche.

El que tú saques tu humildad de tu alma no pienses que es para que otras personas se rían de ti, te avasallen, o te intenten apartar por ser blanducho. La humildad es saber cuál es nuestro sitio y ponernos a la misma altura que los demás, decir las cosas como son.

En mi libro cabe hablar de un sin fin de cosas y en realidad podía hablar de muchas más reflexiones que he hecho en todas esas etapas de mi vida y sigo estando en ellas porque sigo viviendo, sigo sintiendo, sigo enamorándome, sigo bailando, sigo riéndome, sigo llorando, sigo rezando. Es todo igual que siempre y eso no quiere decir que haya perdido. Evidentemente, he perdido en la vida porque las pérdidas no hacen excepciones, no esquivan y no perdona a nadie que esté en vida. En el camino he tenido que dejar atrás personas muy importantes, importantísimas de mi vida como fueron mis padres y otro ser que hay en el mundo y está todavía por ahí. Me ha dolido mucho no tenerlo a mi lado, pero eso no quiere decir que yo haya perdido mi ilusión, mi vida, mi forma de ser y respeto hacia todas esas personas que se han alejado y las he perdido. Por supuesto en mi boca nunca habrá una palabra, ni una sola palabra que pueda hacerle daño a esos seres queridos.

CAPITULO PUNTO [PERO NO FINAL]

Quería dejar para el final del libro una reflexión muy profunda sobre la vida. Prácticamente porque una vez que lees el libro, pues puedes sentirte mal, bien o puedes sentir que conectas con el contenido de mi vida. Según lo que eres, piensas.

Nos acordamos de muchos momentos a lo largo de la vida, pero unos en concreto marcan más que otros y calan hondo. Nos acordamos. Sobre todo, la mujer más que el hombre. El hombre le puede ofrecer durante un embarazo a su mujer todo el amor del mundo y facilitar muchas cosas. La figura y presencia de un buen hombre hace que una mujer se sienta muy feliz, bien querida y acompañada en esa etapa de su vida ya que en sus manos está el poder de dar vida y sentirse arropada por un compañero de vida con el que compartir el mismo proyecto de vida.

Pero la mujer, aunque no diga ni manifieste nada, su pensamiento y su estado emocional lo traslada a su bebé. Entonces el bebé sí sabe cosas y ha recogido de su madre todo lo que ella le ha ido proporcionando. Por lo cual muchas veces cuando un hijo mira a una madre sabe bien lo que ha pasado. Así que yo le diría a esa madre y al padre que dejen todo lo que tengan que hacer. Todo lo que esté haciendo que lo deje. Incluso su trabajo si pueden o se lo permiten y ayuden a su niño a llevar la mochila. Esa mochila que por mucha edad que tenga, no ha podido llenar tanto como para no poder con ella.

Hay casos en los que ciertos padres se tienen que parar y pensar por qué su hijo no puede vivir feliz. Si son valientes y humildes, que lo hagan cara a cara. La palabra humildad ahora no se lleva mucho pero no consiste en ser bobo ni estúpido. No señor. La humildad es ser persona buena, reflexiva y capaz de admitir un error sin manipular los elementos a nuestro favor. Sólo así salvará la vida de un hijo porque a un padre por muy bien que le vaya el trabajo, por muy bien que se lo esté pasando con los amigos, y por muy bien que viaje y por mucho dinero que tengan si ven un hijo fracasado, es la ruina más grande del mundo. Ver a un hijo fracasar es de lo más triste y desolador que hay que ver como padre.

Una vez tuve, no sé si la suerte o la desdicha de enterarme del destino de una pareja que conocía. Se puede decir que de dinero andaban bien, tenían ciertos lujos, era un matrimonio próspero y se permitían dar caprichos. Al matrimonio se le veía muy feliz. Se fueron a un viaje muy lejos. Siempre tenían una predisposición de emprender viajes, pero a su hijo esta vez se lo quedaron aquí. En tierra. Con su gran mochila. El peso de la misma le empujó a quitarse la vida. Cuando esos padres se enteraron y sabiendo que no volverán a ver a su hijo jamás, se hundieron, se destrozaron. Se destrozaron entre ellos movidos por el dolor que conlleva la pérdida de un hijo y yo observaba por qué. Sus almas no estaban tranquilas porque no tenemos que llegar hasta el punto de que un hijo se quite la vida.

Pero si ves que tu hijo no va al colegio feliz, no está con un grupo de amigos, no sale a bailar, no disfruta, no está contento, no canta en la ducha, no arregla su habitación, no tiene palabras cariñosas con sus padres, trata mal a sus hermanos, etc. creo que es lo más triste que hay. Y más triste es ver aún como una madre se hace la sueca, no atiende a las señales y el padre pone cartelitos diciendo se parece a este; se parece a aquel; ha salido a tu hermano; ha salido a tu hermana.

Por favor, pongo el grito en el cielo porque lo primero que están haciendo a su hijo es clasificarlo como alguien al que tienen por el peor de la familia o lo más parecido a personas que no son los mejores ejemplos a seguir y son criticados duramente por el entorno. Si ven que un hijo no puede con sus fuerzas, no puede con su mochila y que nadie le ayuda, es lo más cruel que te puedes encontrar. No trabajes, no acumules dinero ni para darle una herencia porque la va a destrozar. La va a pisotear porque en el fondo, y léeme bien la palabra fondo, porque hay que sumergirse en los sentimientos. En el fondo de esta alma como yo he puesto en mi libro, sabemos todos los errores que hemos cometido por mucho que le queramos poner marquito bonito.

Tenemos que ser humildes y en el caso de los padres, más todavía para reconocer que el problema que tiene su hijo no es el colegio, no son los amigos. Los problemas parten de casa, del interior de su casa y si es porque se junta con una pandilla que no debe, que piensen los padres ¿porque su hijo ha ido a buscar unos amigos con problemas? ¿Es porque él quería sacar el suyo y camuflarlo? Porque probablemente quería de alguna manera ver si se podía escapar de lo que llevaba adentro.

Los hijos, decimos que es muy fácil hablar a los padres, pero no es tan fácil, ni de lejos. No son cuentos, sino que un padre para que un hijo se siente delante de un padre y una madre hay que tener mucha confianza, empezando por el punto número uno.

¿Se la has dado tú?

¿Le has dado a tu hijo la confianza necesaria para que se acaba sentando frente a ti y te cuente las cosas?

¿Cuántas veces le ha pasado el brazo por el hombro a ese niño y le ha dicho cosas bonitas o le ha abrazado?

¿Cuántas veces besamos y nos acercamos a nuestros hijos?

Yo tengo que decir, aunque suene un poquito pedante, pero me da igual, que lo he hecho muchas veces. He cogido a mis hijos con todo el cariño que cabe en un corazón de madre. Los he besado, los he abrazado con el calor que desprende la confianza, en el momento de fortalecer vínculos con los hijos. Les fui a sacar lo más profundo de su alma. A lo mejor me quedo con cosas que no me han dicho, pero yo me siento muy orgullosa hoy, y más con los años que tengo porque creo que he estado ahí para ellos, en todo momento. Es lo único que me ha preocupado en la vida: llegar tarde o no llegar para estar con ellos. Y, sobre todo, lo que más me ilusiona de esta vida es que tenemos el poder de enseñarles a nuestros hijos a amar. Estamos hablando de cualquier cosa ¿eh? que nuestros hijos tengan brillos en los ojos, que sean felices con lo que hacen. Que sí. Que tendrán su propio camino y habrá cuarenta mil cosas que les salgan mal, pero no se sumarán a sus mochilas. Irán ligeros sabiendo que son amados y deseados por unos padres que les ha enseñado a confiar en el camino, y sobre todo a confiar en ellos mismos.

También quería, como mujer que soy, y lo he quedado bien manifestado en el libro antes, católica, religiosa, practicante con una inmensa fe, deciros que también miremos al cielo. Que miremos al universo, al que yo sí le abriría una puerta porque es muy importante que tengamos fe y esperanza y que ese entusiasmo de aceptación de la vida y del universo, llegue a nuestros hijos. Que reciban la fe, la espiritualidad como una ventana abierta a un universo grandioso, al que sólo le queda paz por mostrarnos y ofrecernos. Que no hay yoga, que no hay pastilla, que no hay meditación, que no hay nada en este mundo más importante que tener paz en el alma. Pero no una paz enmascarada sino una paz de verdad. Y eso incluye estar en paz con heridas, personas y balas del pasado, que perdidas en su trayecto nos han alcanzado.

Invito a todas las madres, padres, tía, invito a la prima, la hermana que ayuden a esa criatura que no puede con su mochila, a llevarla. Y más que llevarla, abrirla y sacar todo. Después, cada uno asuma la responsabilidad de esa mochila entre todos y ese niño será feliz. Y no voy a decir que haya un rango de edad que comprenda desde los once, por ejemplo, hasta los catorce; o la etapa de adolescente. Estoy hablando de todas las edades porque hay hijos que están destrozados con treinta y con veinticinco y con cuarenta años. Las mochilas no entienden de edades sino de portadores. Son como un virus que para sobrevivir necesita adherirse a algún cuerpo del que nutrirse.

De ahí, de esos fracasos, sale un mal trabajo, por ejemplo, que ellos ni siquiera quieren ni disfrutan porque que en realidad su vida no está en orden. Ellos no pueden con eso y todo el afán un padre es que su hijo tenga un gran trabajito con la seguridad y recompensa económica que conlleva. Cuidado.

Tenemos que hablar primero de lo que es el alma de las personas y esta reflexión era importante hacerla ya que el libro se basa en eso, en mi experiencia de cosas vividas. De cosas que he sentido intensamente. De personas que me he encontrado de frente, cara a cara y he visto que no podían mirarme a los ojos.

Invitaría a padres, madre, familiar que vea venir el problema que lo solucionen porque merece la pena. Cuando tú le solucionas algo vital a una persona, o al menos la ayudas, la vida se regocija en ese gesto de generosidad y sobre el mismo encuentra descanso eterno. Ese gesto está lleno de vida. Mi mayor orgullo es tener dos hijos psicólogos. Nunca podría la vida, aunque la viviera dos veces darme el regalo más grande de tener dos hijos como son. Maravillosos, pero aparte de eso, maduros, inspiran seguridad y ternura.

La cantidad de personas que han pasado por su consulta y le han quedado la vida de tal manera que tengan siempre un ventanal abierto a disfrutar, a poder vivir, a poder terminar su estudio, y lo más fundamental para el hombre: realizarse como persona. Nunca pensé en que tuvieran esa inclinación por la psicología. Siempre les decía que escogieran las carreras que más le gustaban y nunca he pensado en psicología.

Me ha sonreído la vida porque veo que son felices y que quisieran, incluso desinteresadamente ayudar a más gente, pero hay gente que le da miedo enfrentarse, y lo voy a decir con mucho orgullo, a los ojos de mis hijos, que cuando los miran, ven que tienen que hacer cosas que no quieren.

Por eso mismo, ellos siempre están abiertos a que le cuentes, a que le digas y expreses tus emociones. Te ayudan a verbalizar tu mundo interior con suavidad, recogiendo la sensibilidad como un puente hacia la fortaleza y la inteligencia y la gestión emocional para ser felices. Cada día con más madurez, con más seguridad y con más exactitud porque son profesionales.

Pero si hay personas con problemas y estén cerca de ellos que no desaprovechen la oportunidad de mirarlos a los ojos y depositar en ellos toda la confianza para sentirse libre porque la gente cuando se cierra en sí misma y no habla y no dice, no es feliz. Y en esta vida lo que tenemos que buscar es la felicidad, pero no una felicidad que sea mentira sino con verdad. Con auténtica verdad.

Hay gente que ha tenido que llorar mucho, mucho para poder seguir viviendo, pero lo importante es que, como yo digo, el alma esté serena y esté llena de amor.

Pienso en tantas cosas. Lloro y no puedo seguir. Me gustaría tanto que las personas se liberaran de muchas cargas. En estos últimos años he estado abriendo eslabones de cosas que se van enquistando, paralizando. Cada eslabón que he abierto me ha hecho sentir feliz, liberada. Ha costado mucho trabajo, hasta el punto de cuestionarme si el sacrificio realmente merece tanto esfuerzo. Pensamiento que se ha esfumado de mi cabeza en un instante. Inmediatamente, y como vivo de emociones, aparto de mi mente la negatividad y la duda para quedarme con lo bueno.

Soy capaz de leer los gestos de otras personas. Es muy raro que me equivoque, pero me muevo por sensaciones y tengo que decirlo ahora y con la edad que tengo. Con la misma libertad y seguridad con la que he vivido siempre en una casa, en un templo, acompañada de unas personas con capacidades y habilidades especiales que han contribuido a reforzar y acentuar más mi libertad de expresión y de pensamiento. Esas mismas personas me han hecho saber que les he enseñado a amar; que es distinto a otros tipos de querer. Amar es más profundo y al pronunciarlo se hace con fuerza.

Me dirijo a quien lea el libro, que no lo juzgue según su punto de vista, sino que se deje llevar por el contenido, se adentre en las palabras, sin subjetividad. Que sepa interpretar no la literalidad de las palabras, pero sí las experiencias de mi vida y por qué digo lo que digo.

Libertad de amar desde el embarazo y derecho inalienable del innato a ser amado y bien recibido en el vientre. Amor incondicional, alimentarlo bien durante el embarazo y también durante sus primeros años de vida.

Si fuésemos conscientes de que hay momentos que no se repiten, dejaríamos de perdernos las cosas importantes y maravillosas de la vida.

ÍNDICE